W. J. Mann

Die Gute alte Zeit in Pennsylvanien

W. J. Mann

Die Gute alte Zeit in Pennsylvanien

ISBN/EAN: 9783743490536

Hergestellt in Europa, USA, Kanada, Australien, Japan

Cover: Foto ©ninafisch / pixelio.de

Manufactured and distributed by brebook publishing software
(www.brebook.com)

W. J. Mann

Die Gute alte Zeit in Pennsylvanien

Die

„Gute alte Zeit"

in

Pennsylvanien.

Von

W. J. Mann, D.D.

Pastor der evangelisch-lutherischen Zionskirche und Professor am theolog.
Seminar der luth. Kirche, Philadelphia.

Philadelphia:
Verlag von Jg. Kohler, 911 Arch Straße.
1882.

Vorrede.

—

Nicht eine Geschichte von Pennsylvanien bieten
wir hiermit dem lesenden Publicum, vielmehr ist
es uns darum zu thun, zu schildern, nicht was geschehen,
sondern wie es gewesen. Was geschehen ist, die
Ereignisse und Vorfälle, große Thaten und große Namen,
führt uns, dem Laufe der Jahre und Zeiten folgend, die
Geschichte vor. Aber das Verständniß zu Vielem, was
sie meldet, wird gar oft fehlen, wenn man nicht den
Hintergrund, die Zustände, die Sitten, die Verhältnisse
im Hause, in der Gesellschaft, im staatlichen und kirch=
lichen Leben, kennt. Dadurch erst wird uns die Vergan=
genheit wahrhaft näher gebracht. Ohne diese Ausfüllung
bleibt die Geschichte ein leeres Gerüste.

Natürlich bieten wir dem mit der Vergangenheit
unseres Staates und seiner Zustände wohl vertrauten
Forscher nichts Neues. Aber wir wissen, daß die Zahl
dieser gründlichen Kenner früherer Culturzustände ver=
hältnißmäßig klein ist. Dagegen ist es wohl der Mühe

werth, namentlich auch um des heranwachsenden Ge=
schlechtes willen, das Bild der entschwundenen Tage zu
erneuern, in das Netzwerk des damaligen Lebens in Haus
und Land etwas genauer hineinzuschauen und uns gerade
auf diesem Wege es recht klar zu machen, welch ein merk=
würdiger Umschwung der Dinge, wie im ganzen Gebiet
der Vereinigten Staaten von America, so namentlich auch
in Pennsylvanien, im Lauf von Einhundert und mehr
Jahren statt gefunden hat. Und sollte das Büchlein
dazu dienen, da und dort ein Interesse zu wecken am
Studium der Geschichte überhaupt, so wäre noch mehr
gewonnen. Das Lesen so vieler Romane, wie es unserer
Zeit eigen ist, bildet und vertieft die Seele nicht, viel=
mehr verflüchtigt es ihre Kräfte. Geschichtliche Werke
stellen uns auf den Boden der Realität und die Erfah=
rung vergangener Geschlechter wirkt auf uns lehrend
ermunternd, warnend und tröstend. Und nicht Dichtung
sondern Wirklichkeit und Wahrheit wird hier geboten.
So gehe aus, Büchlein, und suche dir Freunde!

W. J. Mann.

Philadelphia, 10. Nov. 1880.

Erstes Kapitel.

Reise und Ankunft.—Feld und Haus.—Wald und Weg.

Es ist eine wohlbekannte Sache, daß die Leute überall, wo man hinkommen mag, reden von der guten alten Zeit. Die Frage, wann diese gute alte Zeit anfing und wann sie aufhörte und worin sie denn eigent=lich bestand, wurde nie befriedigend beantwortet. Wir wissen, daß uns Etwas, je weiter es von uns dem Raum nach entfernt ist, um so anmuthender erscheinen mag. Und auch die Jahre und Tage, die sich hereindrängen und von der Vergangenheit uns trennen, leihen dieser selbst einen gewissen Zauber. Denken wir an unsere Zeit, die Tage, in denen wir stehen, da fühlen wir all die Sorge und die ganze Last, die wir zu tragen haben. Die Vergangenheit dagegen hat ihre Widerwärtigkeiten und Verdrießlichkeiten mit sich fortgenommen und wir hören die Klagen und Seufzer eines dahingeschwundenen Geschlechtes nicht mehr. Da denken wir uns die alte

Zeit besser, als sie in Wirklichkeit war und sehen unsere Zeit schlimmer an, als sie in Wahrheit ist.

Vergessen wir nicht, daß jede Zeit ihre Licht= und ihre Schatten=Seiten hat. Gutes und Böses ist immer in dieser Welt bei einander. Nie muß man das Eine über dem Andern übersehen. Laßt uns für alles Gute Gott dankbar sein, in die „böse Zeit" aber uns schicken, sie weise auslaufen, daraus lernen und wir haben Gutes daraus gemacht.

Auch jene Tage, in welche wir jetzt uns versetzen, hat=ten Licht und Schatten. So fanden es die, die vor etwa 130 bis 200 Jahren aus der Alten Welt herüber=zogen und unser schönes Pennsylvanien anzusiedeln begannen. Ein Paradies fanden sie hier nicht und sie zerstörten keines. Und doch erwarteten sie hier Besseres als sie zu Hause gehabt und — sollen wir sagen, sie haben sich in ihren Erwartungen getäuscht?

Der Hauptbeweggrund, der in jenen Zeiten Viele ver=anlaßte, die alte Heimath und das Vaterland zu verlas=sen, trifft heutigen Tages bei den wenigsten Einwan=derern zu, nämlich das Bedürfniß der Gewissens= und Religionsfreiheit. Damals aber war gerade Pennsyl=vanien eine seltene Freistätte der Toleranz, und Jeder, welchen Glaubens er auch sein mochte, war hier willkom=men, wenn er nur jene sittliche und gesetzliche Ordnung ehrte, ohne welche die Gesellschaft nicht existiren kann. Gerade in Pennsylvanien, der Provinz, deren ursprüng=licher Verfassung der Quäker Wilh. Penn Vieles von seinen und seiner Gesinnungsgenossen Gedanken und An=

schauungen aufgebrückt hat, was jetzt Gemeingut der
Ver. Staaten geworden ist, war mit seinem Grundsatz
der Toleranz und der Gewissensfreiheit einem sehr gro=
ßen Theil der damaligen civilisirten Welt weit voraus.
Allerdings galt die christliche Lebensbetrachtung als
das Vorausgesetzte, als die aller gesellschaftlichen Ord=
nung unterliegende Basis. Uebersehen wir doch ja nicht,
daß auch heute noch das Volk der Ver. Staaten, obwohl
Kirche und Staat recht heilsamlich bei uns getrennt sind,
sich auferbaut als Ganzes keineswegs auf heidnischen oder
muhamedanischen oder jüdischen, sondern auf christlichen
Grundsätzen der Welt= und Lebensbetrachtung.

———

Von den Schwierigkeiten, mit welchen Diejenigen zu
kämpfen hatten, die in jenen Tagen die alte Heimath
jenseits des Meeres verließen, um in der Neuen Welt
ihr Glück zu suchen, können wir uns keinen Begriff
machen. Allerdings viele Auswanderer verloren auch
damals nichts, aus dem einfachen Grunde, weil sie nichts
zu verlieren hatten. Kamen sie aus Deutschland nur bis
an's Meer, so fanden sich Schiffsherren in den Häfen zu
Amsterdam und Rotterdam, die sie umsonst mitnahmen
nach Philadelphia. Hier aber wurden sie nach Umstän=
den, ehe sie vom Schiff durften, verkauft für drei, fünf,
sieben und mehr Jahre und hatten ihre Kaufpreise durch
Arbeit in Stadt oder Land abzuverdienen. Und nicht
nur wurden Gatten, Eltern, Kinder, Geschwister dabei
oft getrennt auf Nimmerwiedersehen, sondern erfuhren
nicht selten auch harte Behandlung. Kein Wunder, daß

diesen gebundenen Dienern die Dienstzeit oft und bald zu lange wurde, und die Zeitungen jener Tage sind voll von Anzeigen und Aufforderungen, entlaufene "Servants" einzubringen gegen besonderen Lohn und Auslage der Kosten.

Wer draußen auch Häuser, Felder und anderes Vermögen besaß, konnte dasselbe in den meisten Fällen nur mit großem Verluste verwerthen. Die Straßen waren, mit wenigen Ausnahmen, damals auch in Deutschland in sehr schlechtem Zustand, die Verkehrsmittel äußerst mangelhaft, das Reisen namentlich mit Haushaltungsgütern und Gepäck sehr beschwerlich. Natürlich suchten die Auswanderer möglichst bald die Wasserwege zu erreichen, und der grüne Rhein hat ihrer Tausende von der Schweiz, Baden, Württemberg, Pfalz und andern Provinzen hinunter nach Holland getragen.

Die Seereise war auch nichts weniger als angenehm. Die altmodischen holländischen Schiffe, mit schwerem Bau und breit auf dem Wasser liegend, fuhren langsam, waren oft sehr überfüllt, so daß die Reisenden wie die Häringe zusammengedrängt waren, und wurden oft Brutstätten tödtlicher Krankheit. In unserer Zeit klagen die Passagiere in den neuen, eleganten Dampfern, wenn die Reise über das Atlantische Meer mehr als zehn bis zwölf Tage in Anspruch nimmt. Als Wilh. Penn im Jahre 1699 seine zweite Reise nach Pennsylvanien machte, war er drei Monate auf dem Wasser, und als er in Philadelphia ankam, hauste da das Gelbe Fieber. Während seiner ersten Ueberfahrt 1682 starben der dritte

Theil der Mitreisenden (im Ganzen etwa Einhundert) an den Pocken. H. M. Mühlenberg verließ England am 23. Juni und kam am 21. September 1742 in Charleston, S. C., an. Sein College, Pastor Hand- schuh, verließ London am 25. September 1747 und kam im April des folgenden Jahres nach Philadelphia. Diese langen Seereisen waren mit viel Drangsal und Entbehrung verknüpft. Namentlich der Mangel an Trinkwasser bereitete oft große Noth. Während Müh- lenberg's Reise nagten die Ratten die Stöpsel von Essig- flaschen, tauchten die Schwänze hinein und leckten sie ab. Ja, sie leckten in der Nacht den Schweiß von Gesicht und Händen der schlummernden Reisenden. Als Heinrich Keppele, ein gutes Glied der St. Michaelis- und Zions-Gemeinde zu Philadelphia und der erste Präsident der Deutschen Gesellschaft von Pennsylvanien, herüber kam, starben auf der Seefahrt 250 Personen auf dem Schiff. Und genug andere ähn- liche Beispiele ließen sich anführen. (Prof. Dr. O Seidensticker's Geschichte der Deutschen Ge sellschaft von Pa., S. 33.)

Mit der Ankunft in der Neuen Welt waren aber kei- neswegs alle Schwierigkeiten überwunden. Eine erste und wichtige Frage war die, wohin sich wenden. Denn die meisten Ankömmlinge verstanden den Landbau. Sie wollten irgendwo Besitz von einem Landstück in dem gro- ßen, weiten Gebiete Pennsylvaniens nehmen. Aber wenn auch die Wahl der Richtung getroffen war, so war es oft sehr schwer, an Ort und Stelle zu gelangen. Die

Verkehrswege. in der Provinz waren weit hinein in's
vorige Jahrhundert höchst ungenügend. Der Pfad der
Indianer war oft der einzige Weg, dem sich folgen ließ.
Natürlich waren und sind gute Landstraßen unerläß=
lich für die Förderung der Interessen des Verkehrs, des
Handels und des Staats. Schon im Jahre 1686 faßte
die Assembly der Provinz den Beschluß, eine Straße von
Philadelphia nach Trenton, N. J., anzulegen. Zwischen
1700 und 1704 wird dieselbe von verschiedenen Theilen
des Landes bestürmt, Straßen zu bauen. Und die
Leute verlangten keine solid gebauten Kunststraßen. Sie
waren froh, wenn nur der Wald durchhauen, der Boden
etwas gereinigt und unfahrbare Bäche und Flüsse be=
brückt wurden. Um die Mitte des vorigen Jahrhunderts
hatte Philadelphia etwa 20,000 Einwohner, aber nicht
eine einzige gepflasterte Straße. Nach Lancaster wurde
eine Landstraße angelegt im Jahre 1733. Vorher nah=
men die Leute von dort und der Umgegend den Weg
über Chester. Um jene Zeit wurde der erste ordentliche
Weg angelegt von Goshenhopen, Montgomery County,
über Upper Milford nach Trexlertown (Henry, History
of Lehigh Valley, pp. 40, 55). Auch hatten die Far=
mers damals zumeist keine Wagen. Bisweilen machten
sie sich selbst eine Art von Fuhrwerk zum Gebrauch auf
ihren Bauereien. Die Räder waren eben Stücke, aus=
gesägt aus runden Baumstämmen, und die Pferde zogen
an Stricken oder Riemen von ungegerbten Häuten. Die
Annalen von Bethlehem, Pa., melden uns, daß man
dort solchen Fuhrwerken häufig begegnete in früheren

Zeiten, das heißt, um die Mitte des vorigen Jahrhunderts. Während der Wintermonate war die Verbindung zwischen den Ansiedelungen oft völlig zu Ende.
Ein Herr Salomon Kitt schreibt einem Geschäfts-
freund während des Winters noch im Jahre 1784 von
Baltimore: „Ich bin jetzt zwei Monate lang hier, aber
noch immer habe ich meine Waare nicht. Ich kann auch
überhaupt geschäftlich nichts ausrichten; denn der lang
andauernde, harte Winter hemmt jeden Verkehr. Schiffe
können weder kommen, noch gehen. Die Landstraßen
aber sind in so gefährlichem Zustande, daß wir in 14
Tagen keine Briefe von Philadelphia erhielten. Noch
viel länger müssen wir auf Nachrichten von entfernteren
Provinzen warten." (Brantz - Meyer, Genealogy,
p. 34.) Am 17. März 1760 „fiel ein sehr tiefer Schnee
und hemmte jeden Verkehr. Der Speaker der Assembly
und die Majorität der Glieder waren nicht im Stande,
in Philadelphia einzutreffen. Wenige Glieder fanden
sich zusammen, um sich zu vertagen. Der Schnee war
an einzelnen Stellen sieben Fuß tief." (Watson's An-
nals, I, 101.)

Unter diesen Umständen war das Reisen selbst in der
bessern Jahreszeit eine bedenkliche Sache. Namentlich
wurde auch der Mangel an Brücken noch sehr empfunden. Wenn H. M. Mühlenberg seine gewöhnliche Tour
zwischen seinen drei vereinigten Gemeinden, Philadelphia,
Neu = Providenz (Trappe) und Neu = Hannover — eine
Distanz von 36 Meilen — machte, so hatte er, wenn er
immer östlich vom Schuylkill=Fluß blieb, jedesmal meh-

rere Bäche, Wiſſahickon, Perkiomen, Schippach und an=
dere zu durchwaten, was namentlich im Winter und bei
anhaltenden Regenſtürmen mit viel Gefahr verknüpft
war. Denn Brücken fehlten gänzlich. Die erſte Brücke
über den Lehigh=Fluß wurde errichtet zu Bethlehem erſt
im Jahre 1792 (Henry, p. 201). Fähren, auf denen
man hie und da über die Ströme ſetzte, fanden ſich als
)eſondere Privilegien. Das erſte Fährenrecht wurde
im Jahre 1739 "at the forks of the Delaware," d. h.
zu Eaſton, Pa., einem David Martin zuerkannt, und
zwar auf eine Länge von etwa 13 Meilen. Niemand
durfte dort um Geld Menſchen, Pferde, Kühe u. ſ. w.
über den Delaware ſetzen, außer ihm (Henry, p. 3).
Zum Beſten der Einwohner der jetzigen Counties Lan=
caſter und York wurde eine Fähre 1728 einem gewiſ=
ſen Wright privilegirt, nahe dem jetzigen Columbia am
Susquehanna. Schon zwei Jahre zuvor entſtand Har-
ris ferry, etwas ſüdlich vom jetzigen Harrisburg.

Welchen Gefahren Reiſende in Pennſylvanien in jenen
Zeiten ausgeſetzt waren, mag erhellen aus H. M. Müh=
lenberg's eigenen Worten. Er erzählt uns aus dem
Jahre 1748: „Im Februario war ich genöthigt, die
Gemeinen in Upper Milford und Saccum zu beſuchen.
Wir hatten ſehr tiefen Schnee und mußten daher ver=
muthen, daß zwiſchen den Gebirgen noch tieferer Schnee
läge. Ich meinte, daß ſchon ein gebahnter Weg dahin
wäre, fand aber nicht weiter Bahn, als auf zehn eng=
liſche Meilen, und ſo ſchlecht, daß an den zehn Meilen
über fünf Stunden reiten mußte. Als zwiſchen die

Berge in ein besonders tiefes Thal kam, war es Nacht.
Nun hatte ich gar keine Bahn mehr, und sehr tiefe
Sümpfe und Löcher zu paſſiren; zurück konnte ich nicht
wohl kommen, und vorwärts hatte ich noch ſechs Meilen
bis zu meinem Quartier; und weil gar keine Bahn war,
konnte ich auch die mit Schnee bedeckten Löcher nicht er=
kennen. Zuerſt ritt ich bei zwei Meilen irre und ſchlug
mich zu weit linker Hand, mußte alſo mühſam wieder
zurück arbeiten. Hernach traf ich den Weg ziemlich, fiel
aber mit dem armen Pferde ein paarmal unverſehens
durch Schnee und mürbes Eis in die Sümpfe, arbeitete
mich aber durch Gottes Hülfe wieder heraus. Das
Pferd wurde müde, in den ungebahnten tiefen Schnee=
mengen fortzugehen. Daher war ich genöthigt, zu Fuß
voranzugehen und dem Pferde Bahn zu machen, welches
mich ſehr abmattete, weil noch drei Meilen zu abſolviren
hatte. Ich wäre gerne ſitzen geblieben vor Müdigkeit,
weil aber auswendig eine grimmige Kälte und ich in
ſtarkem Schweiße war, ſo getrauete nicht zu ruhen, ſon=
dern faſſete im Namen des Herrn meine übrige Kräfte
noch einmal zuſammen und kam in derſelben Nacht noch
glücklich ins Quartier.“ (Hall. Nachr., S. 261, 262.)
Nicht beſſer erging es Mühlenberg, als er am 25. Nov.
1749, Nachmittags 3 Uhr, von Birkenſee (dem jetzigen
Perkasy an der N. P. N. N.) aufbrach und noch zwan=
zig Meilen zu reiten hatte nach Providenz, wo er wohnte
und dort den nächſten Tag Gottesdienſt halten wollte.
Er erzählt: „Sie gaben mir einen Geleitsmann mit.
Die Nacht überfiel uns bald, wir konnten daher nicht ge=

schwind reiten und kamen erst des Nachts um elf Uhr bei
dem Fluß Perkiomen an, welcher noch zwei Meilen von
meinem Hause fließet. Wir wurden zu unserer großen
Verwunderung gewahr, daß der Fluß seit meiner Ab=
reise durch die kalte Witterung hart überfroren und mit
Eis bedeckt war. Mein Gefährte hatte nur ein kleines
Pferd, welches dazu nicht beschlagen war, folglich mußte
ich voran und das Eis brechen. Ich that solches mit Le=
bensgefahr, blieb auch, ohnerachtet des Springens und
Aufbäumens des Pferdes, im Sattel und ließ den Ge=
fährten allemal in die Fußstapfen und Löcher folgen,
welche mein Pferd gebrochen. Bei dem Eisbrechen muß
ein Pferd allemal sich vorne aufbäumen und mit den
vordern Füßen zugleich ein Loch schlagen, das Stück Eis
mit den Füßen auf dem Grunde halten, bis es mit den
hintern nachgesprungen, und so immer weiter fortgehen.
Ich kam glücklich hinüber, hatte aber wegen der finstern
Nacht den Ausgang auf der anderen Seite verfehlet und
kam mit meinem Gefährten gegen ein Ufer, das ziemlich
hoch und fast gerade war. Zurück wollte mich nicht wie=
der wagen, denn die gebrochenen Löcher waren im Fin=
stern nicht wohl wieder zu finden. Wir legten die Sät=
tel ab und kletterten mit Hülfe einiger Büsche hinauf an
das Land und wurden schlüssig, auch einen Versuch mit
den Pferden zu machen. Wir banden die Sattelriemen
an des kleinen Pferdes Zaum und nöthigten dasselbe,
auf die Hinterfüße zu stehen, so daß es mit den vordern
auf das Ufer reichen konnte. Wir zogen und das Pferd
half sich mit den hintern Füßen tapfer nach ̅ ̅ erreichte

glücklich das Ufer, weil es jung und behende war. Als wir es aber mit meinem Pferde auch so machen wollten, welches alt und steif war, so brach der Zaum und das arme Thier fiel rückwärts mit ganzem Gewicht in das Eis, daß es mit dem Rücken auf dem Grund im Wasser und mit den Beinen in der Höhe lag und von dem Eise eingeschlossen war und also hätte ersaufen müssen. Ich gab das arme Thier auf, weil ich keine Möglichkeit zu helfe sahe. Mein Gefährte wollte aber nicht ruhen, son= dern schnitt in großer Angst mit einem geringen Messer einen Hebebaum ab, sprang damit hinunter und machte in dem Eise eine größere Oeffnung, half dem Pferde, daß es auf eine Seite zu liegen kam und endlich sich wie= der auf die Füße arbeitete. Das Pferd brach darauf von Neuem wieder durch und wollte zurück auf die andere Seite, blieb aber wegen Ohnmacht in der Mitte des Flusses im Eise stecken, so daß wir in keinem Wege mehr helfen konnten. Wir legten unsere Sättel und Baggage auf das eine Pferd und wollten zu Fuß den noch übrigen Weg nach Hause zurücklegen, verirrten uns aber in den finstern Gebüschen und walleten bei einer halben Stunde im Zirkel herum, bis endlich das Gestirn am Himmel einmal hervorblickte und uns die Gegend zeigte, wo wir waren, da wir dann um drei Uhr zu Hause kamen. Des Morgens früh schickte einige Nachbarn zum Fluß, welche das Pferd noch in der Mitte des Flusses im Eise an= trafen, es mit Mühe losmachten und halberstorben nach Hause brachten. Ich war munter, daß an selbigem Tage den Gottesdienst versehen konnte, mußte aber her=

nach eine Krankheit erfahren, wovon der gnädige Gott mich auch wieder genesen ließ." (Hall. Nachr., S. 341, 342.) Ein andermal erzählt Mühlenberg, aus dem Monat August 1749, daß er, nachdem er in Saccum und Upper Milford an einem Tage seines Amtes gewartet, noch gegen Abend vierzehn Meilen weiter reisen mußte, weil er am folgenden Tage in der dritten Gemeinde sein wollte. „Sie gaben mir zwei Männer als Gefährten mit, weil ich den Weg in dem ungebahnten Walde nicht wußte. Als uns nun die Nacht überfiel, verloren wir den Weg und geriethen an einem langen Berge in dicke Gebüsche und Hecken, mußten die Pferde führen und mit großer Mühe noch ein Paar Stunden jämmerlich herumkriechen. Ich zerriß mein Gesicht und Kleider in den Hecken, blieb auch einmal zwischen wilden Weinranken festhängen, bis mich meine Gefährten wieder losschnitten. Uebrigens bewahrte uns Gott vor Schlangen und anderem Ungeziefer und ließ uns endlich ein Haus finden, wo wir einkehren konnten." (Hall. Nachr., S. 332.)

Bei diesem Zustand eines waldbedeckten, von sehr wenigen Wegen durchzogenen Landes läßt sich leicht denken, daß die Ansiedler große Schwierigkeiten zu überwinden hatten, bis sie nur an Ort und Stelle gelangten, wo sie sich niederlassen wollten. Und war auch die Stelle gefunden, so warteten ihrer neue Beschwerden. Seltsam war bisweilen die Art, wie ein Ansiedlungspunkt gefunden wurde. Als Johann Dieffenderfer, Gründer von Neu-Holland in Lancaster County, Pa., im Jahre

1728 nach Philadelphia gekommen war, so brachte er
seine Familie und sein Hausgeräthe auf einem Wagen,
der einem Martin von Weberland gehörte, und
fuhr in's Land hinein, bis endlich der Wagen unter der
Krone einer herrlichen Eiche stille stand, da, wo jetzt
Neu=Holland steht. Freilich ist ein Eichbaum ein schönes
Gewächs Gottes, will aber doch nicht wohl passen zu
einer Wohnung, wie Joh. Dieffenderfer und seine Fa=
milie sie bedurfte. Aber einige benachbarte Ansiedler
in Graffs=Thal und in Weber=Thal, nicht fern vom
Welschen Berge, kamen zur Hülfe und bald stand ein aus
rauhen Balken gezimmertes Haus fertig da. Auch hal=
fen sie ihm freundlich aus mit Mehl und Fleisch und ein
Herr Bär machte ihm das werthvolle Geschenk einer
Kuh. (The Three Earls, Centen. Book of New Holland, p. 27.)

Dergleichen hört man gerne heute noch, obwohl 150
Jahre seither dahin sind. Etwas wahrhaft Schönes ge=
währt dem Auge immer wieder Vergnügen. Viel weni=
ger darf die Freude über eine gute, freundliche That je
aufhören.

Vorhin war da oben die Rede vom Mehl, und billig
könnte mich Jemand fragen, wo das Mehl denn damals
herkam, womit freundliche Nachbarn der Familie Dief=
fenderfer aushalfen. Denn Mehl setzt eine Mühle
voraus. Mühlen aber waren damals gar rar im Lande.
Indessen bringt mich die Frage nicht in Verlegenheit.
Denn dem deutschen Fleiß und Rührigkeit ist es zu dan=
ken, daß damals Lancaster County mit Mühlen besser

versehen war, als mancher andere Theil Pennsylvaniens.
Denn es ist ein Factum, daß schon vor 1729 Hans
Graff in Graff-Thal, nicht ferne vom jetzigen Neu-
Holland, eine Mühle errichtet hatte, und ich habe den
Schlüssel zu dem Mehl, aus welchem Frau Dieffenderfer
den ersten und gewiß appetitlichen Laib unter den schützen-
den Zweigen jener Eiche bereitete.

Wer damals eine Mühle errichtete, wurde ein Wohl-
thäter für einen weiten Umkreis. Die Herrnhuter
zeigten hierin ihren praktischen Sinn, wo immer sie sich
niederließen. So errichteten sie eine Mühle zu Littiz
im Jahre 1757 (Brantz-Meyer, Geneal., p. 74). Noch
im Jahre 1730 fand sich keine Getreidemühle im ganzen
Gebiete, das jetzt Northampton County bildet. Die
Ansiedler waren darum genöthigt, ihr Mehl von den un-
teren Gegenden Bucks County's zu beziehen, eine Ent-
fernung von 20 bis 30 Meilen. Den Weg aber hatten
sie auf Indianerpfaden zurückzulegen zu Pferde, denn die
Kunstwege erstreckten sich bis in die Mitte des vorigen
Jahrhunderts bei weitem nicht bis in jene Districte, und
noch 1754 waren ihrer sehr wenige, und wenn auch beschlossen wurde, daß sie erbaut werden sollten, so ließ die
Ausführung in dem dünn bevölkerten Lande oft lange
auf sich warten. (Henry, p. 39.). Und doch waren
die, welche ihr Mehl auf Pferden heimbrachten, noch
glücklich. Denn es fehlte nicht an solchen, denen es
nicht so leicht wurde. In Easton, Pa., starb 1785 ein
Deutscher, des Namens Ernst Becker, der erzählte:
„Als ich nach Easton kam, standen dort nur drei Häuser,

und in keinem von diesen war für mich und meine Fa=
milie ein Unterkommen. Also lud ich meine wenigen
Sachen ab auf öffentlichem Platz, schlug eine Art von
Zelt auf unter einem Baum und campirte da, bis ich in
etlichen Tagen ein kleines Haus errichtet hatte, wobei
mich meine Nachbarn freundlich unterstützten (das Haus
stand in Easton in der North Hamilton Straße, wenige
Perches von der Northampton Str.). Meine Absicht
war, mein Handwerk als Bäcker zu treiben. Hiebei aber
stieß ich auf ziemliche Schwierigkeiten. Denn um mir
Mehl zu verschaffen, mußte ich nach Bethlehem gehen,
wo etliche Jahre zuvor eine Mühle war errichtet worden,
und da sich noch keine Straße fand, nahm ich meinen
Sack und ging dem Indianerpfad entlang und brachte
mein Mehl auf demselben Pfad auf meinem Rücken nach
Hause. Und ich holte mir meinen Bedarf gar oft auf
dieselbe Weise.'' (Henry, p. 61.)

Schon 1704 beauftragte der Stadtrath von Philadel=
phia den Mayor der Stadt, einmal jeden Monat bei den
verschiedenen Bäckern der Stadt herumzugehen und nach=
zusehen, ob das Brod auch das angegebene Gewicht habe
(Watson, I, 59). Nur denke dabei Niemand, daß es in
Pennsylvanien überhaupt an Lebensmitteln gefehlt habe.
Am 8. November 1714 passirte der Stadtrath von Phi=
ladelphia ein Gesetz, daß alle auf dem Markt befindlichen
Säcke Mehl oder Getreide offen sein sollen, damit Jeder=
mann sehen könne, was er kaufe (Watson, I, 60).

Wilh. Penn schrieb nach seiner ersten Ankunft in Phi=
ladelphia an einen Freund in England: „Lebensmittel

gibt es hier genug und von bester Qualtität." (Wat-
son, I, 17.) Ein anderer Einwanderer schreibt: „Wilde
Tauben kommen in ganzen Wolken und fliegen oft so
nieder, daß man sie mit Stöcken zu Boden schlägt.
Wilde Truthähne (Turkeys) sind oft so fett und groß,
daß sie bisweilen 46 Pfund schwer sind. Einige von 30
Pfund wurden gekauft für Einen Schilling. Ein Hirsch
ist zu haben für zwei Schillinge, ein Sack Korn für zwei
Schillinge und ein Sixpence. Die Flüsse sind voll von
Fischen. Und so ist's auch in der Provinz Jersey. Ein
Mann berichtet, daß sie dort ganze Wagenladungen von
Pfirsichen haben. Die Indianer bringen an manchem
Tage sieben bis acht fette Rehböcke herein; Gänse, En-
ten, Fasanen gibt es genug; ebenso wilde Schwäne." —
Im Jahre 1750 beklagten sich die Farmers, daß der für
Eichhörnchen von der Obrigkeit bezahlte Preis ihnen ge-
schadet habe; denn Arbeitsleute gingen, statt bei der
Ernte zu helfen, auf die Eichhörnchen-Jagd, da sie mit
)en Häuten derselben bessern Verdienst erzielten, als bei
dem sonstigen Tagelohn (Watson, I, 99). Nach einem
Beschluß der Assembly wurden für ein Dutzend erlegter
Krähen, Blackbirds und Eichhörnchen Ein Schilling und
Sixpence von der Obrigkeit bezahlt. Und doch reichte
das nicht hin, denn 1754 kam eine Bittschrift an die
Assembly um ferneren Schutz gegen die Verheerung,
welche diese Thiere anrichteten; denn, heißt es, sie kommen in solcher Menge, daß sie unser Korn so sehr ruiniren, daß man entmuthigt wird, irgend Etwas zu pflan-
zen. Wir bitten darum, das bestehende Gesetz so abzu-

ändern, daß jeder Einwohner verpflichtet wird, eine
gewisse Anzahl dieses Ungeziefers jährlich zu vertilgen,
und daß Alle, die noch mehr von diesen Thieren umbrin=
gen, dafür gut bezahlt werden, Andere, die hinter der
Zahl zurückbleiben, pro rata zu bezahlen haben (Henry,
p. 37). Auch Hirsche und Rehe erwiesen sich den dama=
ligen Ansiedlern als sehr schädlich. Denn sie zerstörten
die frisch aufkeimende Saat (ibid., p. 38). Ebenso
schlimm waren die Füchse und die Moschusratten,
denn sie tödteten bisweilen in Einer Nacht alles Geflügel
einer Bauerei. Auch Wölfe fanden sich in Ueberfluß.
In zwei Jahren bezahlten die Commissionäre von North=
ampton County die Preise für mehr als fünfzig Kopf=
felle von Wölfen. In Bucks County empfing ein Mann
in Lower Smithfield Township die Prämien für 16
Wolfskopfhäute (ibid., p. 33). „Manche Farmer ver=
loren in Einer Nacht alle ihre Schafe. Es wurde bei
den Farmers Sache der Gewohnheit, die Flinte mitzu=
nehmen, wohin sie auch gingen. Sogar wenn sie nur an
der Feldarbeit waren, lehnte die Flinte gegen einen
Baum oder Stumpen" (ibid.). Viel Verdrießlichkeit
entstand daraus, daß die Pferde sich so leicht in den
endlosen Waldungen verliefen. „Als James Harrison
und sein Schwiegersohn Phineas Pemberton zuerst zu
Pferde in Philadelphia anlangten von Choptank in
Maryland, so konnten sie, wie der Letztere meldet, da=
mals (November 1682) nirgend ein Unterkommen für
ihre Pferde finden; sie banden ihnen darum die Füße
mit Stricken und ließen sie im Gehölze. Vergeblich such=

ten sie dieselben am nächsten Morgen, suchten sie zwei
fernere ganze Tage und mußten endlich ein Boot nehmen,
um nach Bucks County zu gelangen. Das eine der bei=
den Pferde wurde erst im folgenden Januar wieder ein=
gebracht." (Watson, I, 47.)

Jene Zeiten waren dazu angethan, den Muth und die
Ausdauer eines Mannes auf ernste Probe zu stellen, die
kräftigsten Anlagen zu wecken und ihn zu einer persön=
lichen Unabhängigkeit zu erziehen, und sie haben dem
kommenden Kampf um die Freiheit des Volkes und Lan=
des vorgearbeitet. Auch waren die Bedingungen und
Umstände, unter welchen die Leute lebten, viel gleich=
artiger als heutzutage. Auch der Unterschied von Stadt
und Land machte sich viel weniger bemerklich. Natürlich
für Pennsylvanien war Philadelphia der Mittelpunkt des
Handels mit dem Ausland. Dadurch erhielt die Stadt
immerhin einen besonderen Anstrich. Aber in der gan=
zen Provinz wollte bis in die Mitte des vorigen Jahr=
hunderts doch eigentlich nichts recht gedeihen, als der
Pflug, dieses edle Werkzeug des Friedens, das Wap=
penzeichen unseres Staates, und, von demselben getragen,
der Handel, dessen die Bauerei und das Farmhaus be=
durften. Hätte Jemand damals von Kohlenmienen, Oel=
quellen, Glaswerken, Walzwerken, Baumwollenspinne=
reien, Telegraphen, Gaslicht, Dampfmaschinen, Eisen=
bahnen und Dampfern gesprochen, man hätte ihn für
närrisch gehalten, und doch hätte die Anstalt gefehlt,
ihn ordentlich unterzubringen. Ich füge bei, daß damals
in ganz Lancaster County, das im vorigen Jahre allein

über drei Millionen Dollars für Tabak einnahm, sogar im
ganzen Staate nicht Eine Cigarre geraucht wurde. Denn
die erste Cigarre ließ sich sehen und riechen erst 1798
(Watson, I, 98).

---*◆*◆*●*---

Zweites Kapitel.

Der allgemeine Charakter der Bevölkerung.
Lebensweise.

Bekanntlich kamen sehr viele von denen, die um die
Zeit des ersten Besuchs Wilhelm Penn's, 1682,
in diesem Lande anlangten und noch in den ersten
dreißig Jahren des vorigen Jahrhunderts, die Heimath
verließen, unter dem starken Antrieb besonderer religiöser Gefühle und Ansichten. Dies konnte auf die
öffentliche Sittlichkeit des erst werdenden jungen Volkes
nicht ohne Einfluß bleiben. Vielleicht irren wir nicht,
wenn wir annehmen, daß vor dem Geiste Wilhelm
Penn's das Bild eines neuen und idealen Staates und
Gesellschaftszustandes schwebte, als er den Gedanken
der Gründung eines Gemeinwesens in dieser seiner Provinz faßte. Und er dachte dasselbe sich erbaut auf christlichen Grundgedanken, so wie er sie verstand.
Ungehemmt von alten europäischen Traditionen und
Miserabilitäten sollte sich hier ein neuer, besserer Ge-

sellschaftszustand bilden. Der Plan, den er sich aus=
dachte, war verhältnißmäßig neu. Aber freilich — das
Material, mit welchem er zu bauen hatte, war das näm=
liche und alte, das Menschenherz mit all seiner Selbst=
sucht, Unlauterkeit und Verderbniß. Und dies Men=
schenherz ist dasselbe über die ganze Erde hin.
Wir dürfen auch nicht vergessen, daß die Bevölkerung
der Provinz aus sehr verschiedenen Elementen zusammen=
gesetzt war. Wie in die Arche Noahs alle Arten von
Thieren wanderten, so zogen sich in dies Land alle Sorten
von Leuten. Und sie waren unter sich getrennt durch
Nationalität, Sprache, Gewohnheiten, Sitten, religiöse
Ansichten und Anderes. Allerdings waren die Umstände,
unter denen sie zu leben hatten, ein mächtiges Mittel,
eine gewisse Uniformität unter diesen verschiedenartigen
Bestandtheile nach und nach herbeizuführen. Gleichwohl
wurde die Ungleichheit jener Elemente damals so tief
empfunden, daß Manche dachten, es sei Gefahr für den
sicheren Bestand des staatlichen Lebens da. Glücklicher-
weise täuschten sie sich hierin. Aber wundern können
wir uns nicht, daß das Einwandern von Tausenden
und Zehntausenden von Ausländern in einer noch
sehr dünn bevölkerten Provinz eine gewisse Besorgniß er=
regte. Auch war der Andrang zu Zeiten außerordent=
lich. Allein im Herbste 1747 kamen fünfundzwanzig
Schiffe mit nicht weniger als 7049 Deutschen in Phila=
delphia an. (Hall. Nach., S. 125). Prof. P. Kalm,
der von 1747—1751 die nordamericanischen Provinzen
im Interesse der schwedischen Regierung bereiste, sagt,

daß im Sommer jenes Jahres 12,000 Deutsche hier lan=
deten. Uns wird seltsam dabei zu Muthe, wenn wir in
den Hall. Nach., in der 4. Fortf., 1751, S. 125 lesen:
„Es ist leicht zu erachten, da die Begierde, das Vater=
land mit der Neuen Welt zu verwechseln, schon so viele
Jahre her unter denen niemals weniger als mit den
gegenwärtigen Umständen vergnügten Teutschen geherr=
schet, das Land bereits überflüssig mit Leuten besetzt sei.
Und so ist es. Es wimmelt von Leuten, so daß auch die
Lebensmittel immer theuerer werden." Das deutsche
Element wurde damals außerordentlich stark. Nach
einer ungefähren Berechnung waren um 1752 unter
190,000 Einwohnern Pennsylvaniens, 90,000 Deutsche.
Um 1755 betrug die Einwohnerzahl vielleicht schon 220,
000, und vielleicht die Hälfte von diesen waren Deutsche.
(Prof. Dr. O. Seidensticker, Geschichte der Deutschen
Gesellschaft von Pa., S. 18.)
Vergegenwärtigen wir uns eine Periode aus der Ge=
schichte eines Volkes, so fragen wir natürlich auch nach dem
intellectuellen und moralischen Zustand in jener Zeit.
Aber die Antwort auf diese Frage ist nicht leicht. Und
mit Beziehung auf das vor uns liegende Gebiet und auf
jene Zeit ist sie um der verschiedenartigen Bestandtheile
der damaligen Bevölkerung willen doppelt schwer. Aller=
dings war das die Zeit der sprichwörtlichen deutschen
Ehrlichkeit und Frömmigkeit. Die ältesten Regeln der
Deutschen Gesellschaft von Pa. vom h. Christtag
1764 tragen die Ueberschrift: In nomine Domini nostri
Jesu Christi. Amen. Das Gesellschafssiegel

trägt das Motto: Religione, Industria et Fortitudine
Germana proles florebit; d. h. der Deutschen Nach=
kommen Heil ruht auf Frömmigkeit, Fleiß, und
Mannhaftigkeit. (D. Seidensticker, Geschichte der
Deutschen Gesellschaft von Pa., S. 40, 70.) Aber da=
rum fand der lutherische Mühlenberg und der refor=
mirte Schlatter nicht nur genug gegen alle Religion
ganze indifferente Leute in jenen Tagen, sondern auch
ganz frevelhafte, ungläubige Menschen und Religions=
spötter. Allerdings hatten damals die sittlichstrengen
Quäker die Oberhand und standen gesellschaftlich voran.
Aber so weit auch ihr Einfluß ging, das war die Zeit, in
welcher Benj. Franklin seinem Nachbar, an dessen
Ciderfaß im Garten andere Nachbarn sich in nächtlicher
Weile gütlich thaten, den weisen Rath gab, ein Faß recht
guten Weines daneben zu legen, so werde ihm Niemand
seinen Cider antasten. Es war die Zeit in welcher der=
selbe Franklin „den Wolken den Blitz entriß und das
Szepter der Hand des Tyrannen"; aber es war auch die
Zeit, in der in Pennsylvanien noch Sklaven verkauft,
Einwanderer auf Schiffen mit unmenschlicher Rohheit be=
handelt und Schuldner, wie unschuldig sie sein mochten,
in's Gefängniß geworfen wurden. Gerne hört man, daß
gerade Deutsche es waren, die versammelt zu German=
town 1688, den ersten Versuch machten, in den Kreisen
ihrer quäkerischen Gesinnungsgenossen die Sklaven=
frage anzuregen. Aber die englischen Quäker hielten
für gut, den kitzlichen Punkt noch viele Jahre ruhen zu
lassen (D. Seidensticker, S. 10). Der bei weitem beste

Theil der Bevölkerung hielt auf strenge Sabbathfeier. Dagegen scheint sich damals Niemand daran gestoßen zu haben, daß zur Förderung der höchsten moralischen und religiösen Interessen Lotterieen häufig angewendet wurden. Der Thurm der episkopalen Christ Church, in der Zweiten Straße in Philadelphia, wurde mit Hilfe einer Lotterie erbaut. Der Gemeinde zu Neu=Holland wurde durch eine Acte der Assembly vom 20. Mai 1767 das Recht ertheilt, eine Lotterie zu halten zur Bezahlung ihrer Kirchenschuld. In der deutschen Zeitung von Christoph Sauer zu Germantown bei Philadelphia machen Bürger von Reading unter dem 1. Dec. 1755, den Plan einer Lotterie bekannt, um die luther. Kirche zu bauen und ein gemeinsames Schulhaus zu kaufen. Es sollen zweitausend Nieten und eintausend Treffer sich finden. Zettel seien zu haben auch in Philadelphia bei Kaufmann H. Keppele in der Marketstraße, der ein sehr geachtetes Glied der dortigen luth. Gemeinde war. In einem Schreiben an Gouverneur Morris am 2. Mai 1756 bittet ihn General W. Shirley nebenher, einer gewissen Gemeinde in Pennsylvanien die Erlaubniß zu einer Lotterie zu geben; er habe gehört, daß man in Pennsylvanien Lotterien gestatte gegen Bezahlung einer gewissen Summe, von der die Hälfte in die Tasche des Gouverneurs gehe (Pa. Col. Records, VII, pp. 112, 113). Letzteres war ein zarter, beherzigenswerther Wink für den Gouverneur. Doch griffen die Behörden bisweilen drein gegen das Lotteriewesen. Als im Jahre 1728 ein gewisser Samuel Keimer eine Lotterie in Philadelphia halten wollte, verbot der Stadtrath die Ausführung des Planes. (Wats. I, 62). Im Jahre 1757 fanden in verschiedenen Gemeinden Pennsylvaniens Versammlungen statt, um freie Erklärung gegen Pferderennen, Glücksspiele, Theater und Lotterien abzugeben. (Wats. I, p. 101.)

Sogenannte Fairs oder Jahrmärkte wurden in der Provinz sehr frühe gehalten und hatten eine geschäftliche Bedeutung. Der Quäker Gabriel Thomas gibt 1696 in seinem Bericht von Philadelphia an, daß dort jedes Jahr drei Fairs und jede Woche zwei Märkte gehalten werden (Watson I, p. 67). Diese Fairs waren eine Municipalsache und wurden nach Verordnung von 1753 durch laute Proclamation eröffnet: „Hört, hört — Alles sei stille bei Strafe des Gesetzes! Ich, der Mayor der Stadt, mache es hiermit Jedem, der hier kaufen oder verkaufen will, zur Pflicht, nichts zu thun wider die Ordnung und den Frieden, und daß Niemand eine Bude aufschlage zum Verkauf von starken Getränken, daß Niemand verbotene Waffen trage oder mit Pferden im aufgebauten Theil der Stadt gallopire. Hat Jemand wegen Beschädigung Klage zu führen, der wende sich an den Mayor: Gott schütze den König!" Auf diesen Jahrmärkten, welche ziemlich in gleicher Art noch in Deutschland und sonst bestehen, war alles Mögliche zu kaufen, Ellenwaaren aller Art, Damenhüte und andere Zierrathen, Kuchen, Zuckerwerk, Kinderspielzeug und dergleichen mehr. Die Buden, die aufgeschlagen waren, hatten allerlei fantastischen Schmuck und bunte Decken. Der Raum umher war voll

von Menschen und das Ohr litt durch die Mißtöne von
Kindertrompeten, Waldhörnern, Geigen, Pfeifen. Das
Alles lockte die liebe Jugend, die sich seit Wochen auf ihr
längstversprochenes Jahrmarktsgeschenk freute (Watson
I, p. 364). Diese Fairs wurden aber endlich durch eine
Acte der Legislatur vom Jahre 1787 aufgehoben.

Bisweilen wurden Jahrmärkte für besondere Zwecke
gehalten. So gestattete Gouverneur Thomas Penn
im Jahre 1765 der Stadt York, einen halbjährigen Markt
zum Viehverkauf zu halten. Nun blieb es aber, wie
sich leicht denken läßt, nicht beim Viehhandel, vielmehr
schlich sich allerlei Unfug ein und im Jahre 1816 wurde
der Stadt York Markt für "a nuisance" von der Legis=
latur erklärt und das Privilegium aufgehoben (History
of York Co., Pa., by Carter & Glossbrenner, 1834,
p. 141).

Das Institut der Sklaverei, welches in unserem Jahr=
hundert den Bau der Vereinigten Staaten bis in seine
tiefsten Grundlagen erschütterte, wurde in jenen vergan=
genen Tagen in Pennsylvanien weithin als ein rechter
Uebelstand empfunden und in einzelnen engeren Kreisen
galt es schon als eine Ungerechtigkeit. So bei jenen
früher erwähnten Deutschen zu Germantown schon am
Ende des 17. Jahrhunderts. Auch der Deutsche Caspar
Wistar, der um 1731 eingewandert war, drückte sich im
Gespräch mit einem Reisenden, von Reck, der eine An=
zahl der von Salzburg vertriebenen Lutheraner nach
Ebenezer in Georgien geleitet hatte und jetzt auf der
Rückkehr nach Europa begriffen war, darüber als eine von

Christen zu verwerfende Sache aus, was ich diesem Ahn=
herrn eines ansehnlichen Geschlechtes in unserm Staate
zur Ehre anrechne (Nachrichten von den Salzburger Emi=
granten zu Ebenezer, Georgien, 1735. Theil I, S. 158
f.). Auch den Freunden des Sklavenwesens konnten
dessen Schattenseiten übrigens schon damals auch in Penn=
sylvanien nicht verborgen bleiben. Sie machten sich fühl=
bar i a öffentlichen Leben. Am 17. April 1702 verhan=
delte der Stadtrath von Philadelphia über das häufige
und tumultuarische Sichzusammenrotten der Negerskla=
ven, besonders auch am Sonntag, über ihre Ausgelassen=
heit, Fluchen und Schwören und ihr sonstiges freches
Gebaren, womit sie die Bürger der Stadt erschreckten
und beunruhigten. Es wurden sofort Maßregeln dagegen
getroffen. Nach Jahren, am 3. Juli 1738, mußte wieder
über dieselbe Sache verhandelt werden, wo neben den
Negern auch die Mulatten und Indianer genannt
wurden. Aehnliche Klagen aber erneuerten sich am 17.
August 1741, und es hieß, daß Neger und Andere mit
Milchkannen und anderen Instrumenten des Abends und
bis spät in die Nacht hinein allerlei Unordnung treiben,
und die Ruhe und Ordnung der Stadt namentlich um
das Courthaus her (es war das neue, 1735 errichtete)
stören. Sofort wurde beschlossen, daß sich eine halbe
Stunde nach Sonnenuntergang dort Niemand ferner
dürfe sehen lassen, und daß Alle, die dagegen handeln,
sofort der Strafe verfallen. (Wats. I, p. 104.)

Noch im Jahre 1803 veranlaßten die Neger zu
York, Pa., eine bedeutende Bewegung. Sie waren un=

zufrieden mit der gerichtlichen Entscheidung bezüglich einer Mohrin, welche des Versuchs zwei Personen vergiften zu wollen war schuldig befunden worden. Sofort wollten sie dafür Rache nehmen an den weißen Leuten und suchten das Eigenthum derselben zu zerstören. Sie legten es wirklich darauf an, die Stadt York niederzubrennen, und beinahe wäre ihnen ihr gottloser Plan gelungen. Drei Wochen hindurch brach jeden andern Tag Feuer aus irgendwo in der Stadt, und anfangs fiel gar kein Verdacht auf die Neger. Als aber die Bevölkerung die Gefahr erkannte, die der Stadt drohte, so wurde Wache gehalten, sogar der Gouverneur beorderte eine Abtheilung Miliz zur Hilfe und setzte am 17. März einen Preis von $300 auf die Entdeckung irgend einer Person, die an dem Plan gegen das Wohl der Stadt Antheil nahm. Und wirklich wurde ein Negermädchen, die am hellen Tage Feuer anzulegen versuchte, erwischt. Sie mußte sich schuldig bekennen, und der Schlüssel zu dem teuflischen Plane wurde gefunden. Einundzwanzig Schwarze wurden in Anklagezustand versetzt, und eine Anzahl derselben verbüßten ihre Schlechtigkeit Jahre lang im Gefängniß. Alle Neger aber in York und der Umgebung auf zehn Meilen wurden unter strenge obrigkeitliche Aufsicht gestellt. (History of York Co., Pa., p. 161.)

Von selbst versteht sich, daß die Art und Weise des alltäglichen Lebens und die Einrichtung des Haushalts in den ersten Zeiten der Ansiedelung sehr einfach war. Kaum trauen wir unseren Ohren, wenn wir hören, daß die frühesten Ankömmlinge zu Philadelphia in Höhlen wohnten, die in das hohe und steile Ufer am Delaware eingegraben waren. Indianer hatten zuvor in diesen Höhlen gelebt, und die Einwanderer waren froh sich derselben bedienen zu können. Das erste, von englischen Eltern in Philadelphia geborene Kind, John Key, sah das Licht der Welt in einer jener Höhlen, nahe dem östlichen Ende der jetzigen Race Straße. Wilhelm Penn machte diesem Erstling der gerade in jenem Jahre angelegten Stadt einen Bauplatz zum Geschenk. John Key erlebte ein schönes Stück des Aufblühens seiner Vaterstadt und starb am 5. Juli 1767 zu Kennet, Chester Co., Pa. (History of Lancaster Co. by Rupp, p. 27.) Freilich bedurfte man der Höhlen bald nicht mehr. Schon im Jahre 1684 soll die Stadt 300 Häuser gehabt haben, welche freilich mit wenig Ausnahme eben Holzbauten waren. Backsteine wurden noch im vorigen Jahrhundert Jahrzehnte hindurch von England massenhaft importirt, obwohl die Bibliothek der hießigen Histor.-Gesellschaft Contracte für hier zu fabricirende und zu liefernde Backsteine besitzt, die aus den Jahren 1709 und 1712 datiren.

Das Hausgeräthe war im Anfang sehr einfach und nur einzelne Reiche machten hierin eine Ausnahme. Der Ansiedler, der froh war, wenn er unter das Dach seines Blockhauses einziehen konnte, träumte nicht von luxuriös eingerichteten Parlors. Was ihm Noth that, war nächst dem schützenden Hause ein guter Pflug, scharfe Axt, Beil und Säge, ein Pferd und eine Kuh und im Hause Tisch, Bett und Bank und das nöthigste Küchengeräthe, und an schöne Spiegel, feine Sophas oder Gemälde dachte seine Frau nicht und war recht zufrieden mit dem einfachsten Meubel und ganz froh, wenn nur der Rauch fein ge= schwind durch's Kamin zog. Zu der Einfachheit des Haushalts stimmte die der Kleidung. Auch hierüber gibt uns die Geschichte hinreichend Bericht: „Die frühe= sten Ansiedler trugen Jahre lang Kleider, die aus Pack= leinwand (tow-cloth) verfertigt waren. Denn Wolle war damals ein nicht zu erschwingender Artikel. Der gewöhnliche Anzug bestand aus Hemd, Beinkleidern und einem Rock. Während der Sommerhitze genügten Hemd und Beinkleider vollkommen. Erst im Herbst kam der Rock von Packleinwand hinzu. War die Winterkälte vor der Thür und braußten die Nordstürme daher, so zog man einen zweiten oder dritten Rock desselben Materials darüber an, und man konnte damals kräftige Gestalten sehen in vier, fünf, ja sogar mehr solcher Ueberzieher, die mit einem Strick vom gleichen Stoff um den Leib gebun= den wurden. Aber der Mensch sucht überall weiter zu kommen. So wurde dann bald mit dem Anfang der Schafzucht dem Werg etwas Wolle beigemischt, doch galt schon dies für Luxus. Später verdrängte die Baumwolle das Werg völlig; aber linsey-woolsey, halbwollenes Zeug, galt lange als große Ueppigkeit." (History of York Co., Pa., p. 24, 25.) Allerdings haben wir diese Nachricht speciell über die Mode, die einst in York County herrschte. Allein wir dürfen ruhig annehmen, daß es sich in andern frisch angesiedelten Theilen der Provinz nicht anders ver= hielt. Was das Schuhzeug betrifft, so war der Bedarf

desselben wenigstens während der Sommermonate nicht
groß. Im Uebrigen „wurde der Bedarf der Familie
jährlich von Philadelphia bezogen. Wandernde Flick-
meister zogen von Haus zu Haus durch's Land und hatten durch Reparatur ihren Unterhalt. Sie hatten so viel
Leder bei sich, als sie in einem District für ihren vorübergehenden Aufenthalt für nöthig erachteten.“ (History of Lehigh Valley, p. 43.) Daß in Philadelphia,
wo viel Handel war und wohin viele Fremde aus verschiedenen Weltgegenden kamen, sich der Vermögliche gern
auch durch Luxus in Kleidern, Geräthen und Anderem
hervorthat, läßt sich denken. Darauf bezieht es sich wohl,
wenn der Zeitungsschreiber Christoph Sauer von Germantown in seinem Blatt unter dem 1. August 1755 der
in den Kriegszeiten um Geld verlegenen Assembly der
Provinz den Rath gibt, sie solle Taxen legen auf Kut-
schen, Chaisen, Reifröcke, Perücken und dergleichen mehr. Daß bei gewissen Feierlichkeiten man sich
großartig zeigen wollte, ist ebenso begreiflich. So sagt
derselbe Zeitungsschreiber am 1. Juli 1755: „Am Jo-
hannis-Tage haben die Freimaurer ihren jährlichen Auf-
zug zu Philadelphia gehalten; der Einzug Christi zu Je-
rusalem erlaubt keine Vergleichung mit diesem.“ Wie
weit es Christoph Sauer, der zu den „Tunkern“ gehörte, mit dieser Bemerkung Ernst war, lassen wir hingestellt.

Der Landbau war damals die Hauptarbeit in den
Colonien, und daß der Ruhm Pennsylvaniens in diesem
Punkte nicht neuen, sondern alten Datums ist, dafür

ließen sich viele Zeugnisse bringen. Es sei nur ein einziges, und zwar mit Beziehung auf Lancaster County, gegeben. Ein hochgestellter Reisender, der 1754 dort durchzog, schreibt: „Zwischen Lancaster und Wright's Ferry (am Susquehanna) sah ich das herrlichste Landgut, das irgendwo gesehen werden mag, im vollkommensten Zustand. Es gehört einem Schweizer. Und hier war es, wo ich die Methode der Wiesenbewässerung durch an den Hügelseiten hinlaufende Kanäle, in die das Quellwasser fließt, angewendet fand. Das Wasser läuft über die Seiten herab und wässert den ganzen Wiesgrund." (History of Lancaster Co., p. 305.)

Gehörte aber auch dem Landbau die erste Aufmerksamkeit, so wurden die Interessen der Industrie darum keineswegs vernachlässigt. Schon 1696 schreibt Gabriel Thomas, daß man schon damals mit dem Plane umging, Eisenwerke zu errichten. Die ersten Eisenwerke in Lancaster County wurden wohl schon um 1726 von einem Manne Namens Kurtz unternommen. Die Herren Grubbs, die sich durch industriellen Unternehmungsgeist auszeichneten, eröffneten ihr Eisenwerk 1728 (History of Lancaster Co., p. 206). Die Manufactur von Schießwaffen wurde schon 1749 von Herrn Joh. Fondersmith in Straßburg, Lancaster County, unternommen und ein halbes Jahrhundert hindurch erfreuten sich seine Leistungen hohen Rufes. Während des Unabhängigkeitskrieges fabricirte Herr Eberle „Bayonnette, welche den Damascenern in nichts nachstanden." (History of Lancaster Co., p. 299, 307.) Weithin bekannt

waren die eisernen Oefen des sogenannten Baron
Stiegel, der, geboren zu Mannheim, um 1757 nach
America kam „mit guten Empfehlungen und viel Geld“.
Auf einem von dem Herrn Stademann zu Philadel=
phia gekauften Landstück in Lancaster County legte er
Mannheim zum Andenken an seine Geburtsstadt aus
und erbaute den Elisabeth=Hochofen. Ebenso legte
er zu Mannheim eine Glasfabrik an, die aber längst ver=
schwunden ist. Seine berühmten Oefen gingen aus sei=
nem in Schäfferstown in Libanon County errichteten
Eisenwerk hervor und trugen die Inschrift:

> Baron Stiegel ist der Mann,
> Der die Oefen machen kann.

Der Mann war durchaus kein Abenteurer, trotz aller Ex=
travaganzen, die ihm nachgesagt werden. Griff er in
seinen Unternehmungen auch zu weit, so waren doch die
Maßregeln der britischen Regierung, die den Handel und
das Manufacturwesen der Colonien schädigten, die nächste
Ursache seines finanziellen Ruins (The Pa. Magazine of
Hist. and Biogr., Vol. I, p. 67, etc.). Auch H. M.
Mühlenberg besuchte am 14. Februar und wieder am 27.
Februar 1762 Stiegel's Eisenwerk und predigte daselbst
(Hall. Nachr., S. 886, 887). Auch erschien Herr Stie=
gel im gleichen Jahre am 25. Juni als Deputirter von
der Elisabeth=Eisenschmelze bei der Synodalversammlung
zu Philadelphia (Das., S. 916).

Haben wir in unsern Zeiten zu klagen darüber, daß
die Unmäßigkeit im Genuß berauschender Getränke

unfäglich viel Elend anrichtet, daß mancher tüchtige
Mann dadurch als wie durch einen Krebsschaden bis in's
innerste Mark zernagt, entwürdigt und zu der rechten
Vollziehung seines Lebensberufes untüchtig gemacht wird,
daß manche Familie dadurch eine Stätte der Unordnung,
des Zerfalls, des Fluchens und Streitens wird, daß von
zehn Verbrechen, welche von der öffentlichen Gerechtig=
keit bestraft werden, sieben sich durchschnittlich auf dieses
abscheuliche Laster zurückführen lassen, so war das in
jenen Zeiten leider nicht anders. Nur zu viele traurige
Geschichten werden uns davon erzählt. Schon im Jahre
1721 hielten wohlmeinende Bürger eine öffentliche Ver=
sammlung zu Philadelphia, um sich darüber zu berathen,
wie dem Verkauf von starken Getränken in der Pro=
vinz Pennsylvanien zu begegnen wäre und wie die Er=
zeugung leichten Bieres zu befördern sei (Watson, I, 97).
Im Jahre 1723 petitionirte ein Besitzer von Eisenwerken
die Assembly um ein Gesetz, welches den Verkauf starker
Getränke in der Umgebung von solchen Stätten der In=
dustrie hindern sollte, während der Verkauf von Bier
und Cider zu gestatten wäre. Im gleichen Jahre kam
auch ein Vorschlag vor die Assembly zu Gunsten von Di=
stillerien in der Provinz; aber die Opposition dagegen
war so stark, daß sogar Gouverneur Wilh. Keith, dem
an seiner Popularität sehr viel gelegen war, seine Zu=
stimmung zu der Sache verweigerte (Watson, I, 98).
Schon damals war der Handel mit starken Getränken
angesehen als ein sehr gewinnreiches Geschäft. Allein
während eines Termins des Gerichtes wurden in Lan=

2

caster County achtundvierzig Personen ermächtigt,
Whiskey und dergleichen zu verkaufen. Und dieser Han=
del stand namentlich, trotz aller gesetzlichen Verbote, in
Blüthe mit den Indianern. Er hat mehr als alles
Andere dazu beigetragen, die Beziehung zwischen den
Weißen und den Indianern schwierig zu machen. Sogar
Friedensrichter, die doch vor Anderen ein gutes Beispiel
der Achtung vor dem Gesetz hätten geben sollen, wurden
bisweilen ertappt als Uebertreter (New Holland. Cent.
Book, p. 45). Ja, auch ein Gouverneur, John
Evans, der freilich einen schlechten Namen hatte und
von 1703—1709 im Amte war, vermehrte die Zahl der
"taverns and ale-houses," so weit in seiner Macht war,
wegen des Sportelgeldes, des dabei in seine Tasche fiel
und dessen Betrag er verdoppelt hatte (History of Lancaster Co., p. 45). In Folge einer überaus reichen
Getreideernte in den Jahren 1751 und 1752 geschahen
viele böse Dinge gerade in dieser Hinsicht. Das Chro=
nicon Ephratense, die Annalen des Klosters der
Siebentäger Tunker zu Ephrata in Lancaster Co.,
bejammert den Mangel an Dankbarkeit für den damali=
gen Segen Gottes und sagt: „Mit dem feinen Weizen,
der so manchen Armen hätte ernähren können, fütterten
die Leute ihre Schweine. Auch wurden überall Disti'=
lerie=Kolben aufgesetzt und starkes Getränke fabricirt und
daraus gingen große Unordnungen hervor." (History
of Lancaster Co., p. 299.)

Gelegenheit zu vielen Excessen boten namentlich auch
die Hochzeiten. Wo eine Hochzeit bevorstand, da

spitzte die ganze neugierige Nachbarschaft die Ohren, und Alt und Jung waren in gespannter Erwartung (Henry's History of Lehigh Valley, p. 40 ss.). Die bei solchen Anlässen gewöhnlichen Lustbarkeiten hatten oft sehr un= liebsame Erfolge. Pastor Joh. Friedr. Handschuh, der wenige Jahre zu Lancaster, dann zu Germantown und zuletzt längere Zeit an der lutherischen Gemeinde zu Phila= delphia stand, gibt Nachricht von einem solchen beklagens= werthen Vorfall. Am 29. April 1749 wurde zu Lancaster ein junger Mann beerdigt, der drei Monate zuvor der Hochzeitsfeier seines Bruders beigewohnt hatte, bei wel= chem Anlaß es drei Tage und drei Nächte wild her= gegangen war. Auch die Braut starb eines plötzlichen Todes. Handschuh sagt, diese beiden Todesfälle seien auffallend gewesen; denn er habe vergeblich die Familie und die Freundschaft vorher aufgefordert, sich anständig zu betragen. Nun aber höre man, daß eine gottlosere Hochzeit in jener ganzen Gegend nie sei gehalten worden. (Hall. Nachr., S. 401, 402.)

Sogar bei Leichenfeiern kamen eben durch das Trin= ken schmähliche Dinge vor. So berichten die „Pennsyl= vanische Nachrichten" von Christ. Sauer, in German= town, unter dem 16. Januar 1755, von der Beerdigung eines gewissen reichen Hagestolz Namens Caspar Klinger zu Albany, im Staat New York, daß dabei zwei Fässer Wein, nämlich 400 Maaß, auf die Gesundheit des Ver= storbenen sollen getrunken worden sein, daß wenige der Theilnehmer ohne Kopfweh nach Hause gekommen seien, ja, daß etliche die Nacht über im Trauerhaus geblieben und noch am nächsten Morgen sich um die bei der Beerdigung gebrauchten Stücke Floor sollen gerissen haben. Gewisse Localitäten standen auch in der Provinz Pennsylvanien im Credit, daß sie durch sittliche Verwilderung sich auszeichneten. Heutiges Tages kann man vielleicht kaum irgendwo einen respectableren und geordneteren Gesellschaftszustand finden als in der Stadt Hannover, York Co., Pa. In der ersten Hälfte des vorigen Jahrhunderts war jene Gegend ein District, über dessen Besitz ein Streit herrschte zwischen Maryland und Pennsylvanien, der erst 1762 zu einem Abschluß gebracht wurde. Da stand nun Hannover lange Zeit unter gar keiner Jurisdiction, und hieß in jenen Jahren "the rogue's resort." Alle, die weit und breit Ursache hatten, der Polizei aus den Augen zu gehen, zogen sich nach Hannover, und dort konnte bis auf eine halbe Meile um die Stadt her kein Sheriff Hand an sie legen. Als nun etliche Spitzbuben in Hannover in Herrn McAlister's Laden eingebrochen waren, von ihm aber ertappt und gefaßt wurden, wollte er sie in's Gefängniß zu York abliefern. Dort aber nahm sie ihm der Sheriff nicht ab, sondern sagte: „Ihr Leute in Hannover wollt unabhängig sein, seid's dann und werdet mit euren Schurken selber fertig!" (History of York Co., Pa., p. 63.)

Sehr viele Unruhe bereiteten in jenen Tagen die Pferdediebe den Farmern. Pferde und Vieh ließ man frei im Walde laufen. Es läßt sich begreifen, daß Diebstähle vorkamen. Innerhalb dreier Jahre nach der Constituirung von Northampton Co., Pa., wurden neun

Pferdediebe von dem Gericht überwiesen und bestraft.
Die Strafe begriff in sich öffentliche Auspeitschung mit
neunzehn tüchtig aufgelegten Hieben auf den bloßen
Rücken. Freilich war das Operationsfeld der Diebe so
ausgedehnt, daß das Ertappen und die Bestrafung ver=
hältnißmäßig sogar nur selten vorkam. Eine Petition
der Bürger jenes Districts, welche am 13. Dezember
1754 vor die Assembly der Provinz kam, besagt, daß,
daß der Pferdediebstahl so häufig vorkomme, liege an der
Leichtigkeit, mit der das Gesetz dieses Verbrechen bestrafe;
die Bittsteller fordern deßhalb die Assembly auf, diese
Angelegenheit ernstlich zu erwägen, und die Todesstrafe
auf den Pferdediebstahl zu setzen. (History of Lehigh
Valley, pp. 36, 37.) Dieß ist die Strafe, mit der bis=
weilen unter dem Lynch-Law Pferdedieben im Süden
unseres Landes in unserer Zeit vergolten wird.

Bedenken wir, daß dies große, ausgedehnte Land seit
dem Ende des 17. Jahrhunderts die Zufluchtsstätte nicht
nur für solche wurde, die um ihrer religiöser Ueberzeugung
willen in Europa Verfolgung erlitten hatten, sondern
auch für viele Abenteurer und grundschlechte Menschen,
so können wir uns nicht wundern, daß, wo diese verschie=
denen Elemente gelegentlich zusammen gebracht wurden,
der herrschende Ton der Unterhaltung für die besseren
und zärter Fühlenden oft äußerst abstoßend muß gewesen
sein. Dazu kommt noch das Andere, daß die Seltenheit,
wo nicht der gänzliche Mangel an regelmäßigem Schul=
unterricht, an postoraler Seelsorge und an Gottesdienst
und an christlicher Jugenderziehung nur einen höchst ver=

derblichen Einfluß auf den Ton der Gesellschaft, die
öffentliche Meinung und die herrschende Sitten ausüben
konnte. H. M. Mühlenberg spricht in einem seiner Berichte vom Jahre 1751 über diesen Punkt, mit Beziehung
auf eine gewisse Localität und theilt mit, was ihm einer
der ältesten Bewohner aus seiner Erfahrung über den
Gang der Dinge mittheilte. Anfangs seien die Leute,
wenn sie sich ansiedelten, einzeln und arm, dabei aber
auch wortfest, hilfreich, demüthig, nüchtern, fleißig in
ihrem Berufe gewesen. Je nachdem sie in ihrem Vaterland in den Gründen der christlichen Religion mehr
oder weniger unterrichtet wurden, haben sie es hier anzuwenden und das kleine Licht und Leben mit den in der
Jugend gelernten Geboten und noch übrigen mitgebrach-
ten Büchern zu unterhalten gesucht. Wenn sie in ihrer
Einsamkeit dann und wann von einem schwedischen Prediger oder dem Herrn Pfarrer H e n k e l besucht, mit Gottes
Wort und den heiligen Sacramenten bedient wurden,
so haben sie solches für eine große Wohlthat erachtet.
Die eingebornen Wilden haben anfangs auch zum Theil
unter ihnen gewohnt und herumgestreift, ihre Arbeit und
Gesang bewundert und von ihnen Brod und Milch, und
was sie ihnen sonst aus Furcht oder Liebe mitgetheilt,
profitirt. In den mittleren Zeiten haben sich die Einwohner von allen Seiten her vermehrt, die Viehzucht sei
herangekommen und die gereinigten und bebauten Felder
haben ihre Früchte immer reichlicher gegeben. Aber an-
statt der schuldigen Dankbarkeit seien die Laster der
Augenlust, der Fleischeslust und des hoffährtigen Lebens

in Schwung gekommen. Die Laster der Trunkenheit
und Ueppigkeit haben unter anderm so grob zu regieren
angefangen, daß der Ort wegen solcher faulen Früchte
im ganzen Lande berüchtigt und eine Sauf= und Mörder=
grube sei genannt worden. Einige noch wohlgesinnte
Alte seien von dem überhandnehmenden losen Haufen
wie Loth in Sodom und Gomorra geplagt worden. An=
dere haben auch nach und nach zu ihrem Schrecken erfah=
ren müssen, wie die Jugend durch solche böse Exempel
mit schnellen Schritten in das ruchlose Leben gerathen
und die Eltern in der Bosheit übertrafen. An gute
Schulen und christliche Zucht sei leider wenig gedacht
worden; und ob der Haufe dem Allen ungeachtet wohl
noch immer eine Art von sogenanntem Gottesdienst un=
terhalten und sich mit selbst gelaufenen Predigern von
ihresgleichen auf das bloße äußerliche Werk viel einge=
bildet, so sei doch nichts Gesundes vom Haupt bis auf die
Fußsohle geblieben und würde Alles ganz erstorben sein,
wenn der Herr nicht ein Ueberbleibsel von gutem Samen
erhalten hätte. (Hall. Nachr., 1751, S. 430 ff.)

Diese merkwürdige Schilderung wird in allem Wesent=
lichen auf viele Localitäten in jener Zeit Anwendung ge=
funden haben.

Wie roh und gemein der gesellschaftliche Ton Vieler
war, wäre aus vielen Beispielen zu erhärten. Folgendes
mag genügen. H. M. Mühlenberg unternahm 1752 am
6. Mai eine Reise nach New York im Interesse der
lutherischen Gemeinden. Er fuhr Nachmittags mit dem
Postschiffe von Philadelphia ab. „Wir hatten conträren

Wind und eine gottlose Gesellschaft. In der Nacht muß=
ten wir Anker werfen und stille liegen, weil das Wasser
abgelaufen und wir erst fünfzehn Meilen zurückgelegt
hatten. Die Gesellschaft fing an, ärgerliche Lieder zu
singen und allerlei gottlose Reden und Flüche auszu=
schütten. Ich widersprach und wartete ein wenig, aber
es wurde darüber gespottet. Daraufhin bat ich den
Schiffer, er möchte mich mit einem Englischen Manne,
welchen unter der Gesellschaft stille fand, an's Ufer
setzen. Sobald wir an dem Ufer waren, folgte uns die
ganze Gesellschaft und trieb es auf's Aergste. Ich reti=
rirte mich mit dem stillen Mann in den Wald und fragte
ihn, warum er nicht mit den Andern mitmachte? Er
sagte, daß er vor etlichen Jahren in Maryland durch
eines gewissen frommen Predigers Vortrag wäre erweckt
worden und zu Gott gezogen. Er schweige in solchen
gottlosen Gesellschaften stille, weil er sein Gewissen nicht
beflecken und auch die Perlen nicht vor die Säue werfen
wolle. Wir hatten ein schön erbauliches Herzensgespräch
mit einander. Er erzählte, daß in seiner Gegend noch
verschiedene erweckte Seelen wären, welche sammt ihm
nöthig hätten, in dem angefangenen Werke der Bekeh=
rung weiter geführet zu werden. Wir ließen uns dar=
auf wieder in der Stille auf das Schiff bringen und ge=
dachten Ruhe zu haben; aber die Compagnie kam auch
wieder zurück." Die Reise ging am folgenden Tage
weiter, zum Theil auf dem Schiffe, zum Theil im Post=
wagen. Mühlenberg sagt da: „Wir legten dreißig
Meilen zurück unter continuirlichem Geschrei und Singen

der Gesellschaft. Ich habe aber gefunden, daß man auch mitten unter den Teufeln kann stille und ruhig sein in Gott durch seines Geistes Tröstungen. Des Nachts in der Herberge entschuldigten sich einige gegen mich wegen ihres Gebahrens. Ich sagte, sie könnten nicht anders, so lange sie Knechte des Satans und außer Gottes Gemeinschaft wären, welches sie verdroß." (Hall. Nachr., S. 480, 481.)

Die sogenannten Geheimen Gesellschaften, die sich in unserem Jahrhundert überallhin im Lande verbreitet finden, waren im vorigen Jahrhundert viel weniger vertreten, ja nur die der Freimaurer war bekannt. Sie aber hatte ihre Anhänger namentlich zu Philadelphia. In Verbindung damit mag eine seltsame Geschichte erzählt werden, die auch ein eigenthümliches Licht auf die damaligen Sittenzustände wirft. Im Jahre 1737 machten sich einige junge Leute zu Philadelphia ein Vergnügen, das einen traurigen Ausgang nahm. Sie gaben an, daß sie Freimaurer seien, und nahmen unter diesem Vorwand einen jungen Freund in den Orden auf. Um ihren Scherz zu haben, arrangirten sie die Sache in einem Keller, machten gewisse Formalitäten ab und begossen den Freund mit brennbarem Material und im Leichtsinn zündeten sie seine Kleider an. Der arme Mensch erhielt in Folge dessen so schlimme Brandwunden, daß er davon sein Leben verlor. Da war der Scherz gewiß zu weit getrieben. Diese Geschichte wurde in Blättern zu London und an anderen Orten erzählt (Act. Hist. Eccles., II, p. 1056 f.).

In einem jetzt sehr selten gewordenen Buche, "Adventures of Sieur Castleman," das zu London publicirt wurde, finden wir auch Mittheilungen über einen Besuch zu Philadelphia und einige pikante Vorfälle. Auch fand derselbe dort schon im Jahre 1707 einen Tanzmeister; möglicherweise war dieser Künstler der einzige seiner Art, der damals auf dem ausgedehnten Gebiet der jetzigen Vereinigten Staaten Verdienst suchte. Daß ihn die damals in der Stadt so viel vermögenden, streng gesinnten Quäker sollten protegirt haben, können wir nicht glauben.

Drittes Kapitel.

Die Verwaltung des Landes und die Politik.

Weniges mag hinreichen, um uns in dieser Hinsicht einen Blick in die damaligen Verhältnisse zu gewähren. Unter der Oberhoheit der Krone von England war die Familie Penn in Kraft des von Karl II. Wilhelm Penn verliehenen Freibriefes die Eigenthümerin der Provinz Pennsylvanien. Auch die unmittelbare Verwaltung war in ihre Hand gelegt. Ihre Rechte wurden repräsentirt durch den von ihr ernannten Lieutenant Governor, dem ein Rath der Provinz an der Seite stand. Dieser Rath mit dem Gouverneur war die eine, die Assembly war die andere Seite der gesetzgebenden Gewalt.

Zwischen diesen beiden Theilen nun fehlte es leider lange Jahre hindurch gar nicht an Reibereien. Dazu trug am meisten bei die **Militärfrage**, die wesentlich nur sich auf die Landesvertheidigung beziehen konnte. Das war nun zunächst die Sorge des Gouverneurs und galt namentlich gegen **Frankreich** und das damals noch mächtige **Spanien**, wenn immer eines dieser Länder mit England in Krieg verwickelt war. Angeregt aber durch diese Gegner wurden auch von Zeit zu Zeit die Indianer in Mitleidenschaft hineingezogen, wie denn überhaupt das Verhältniß zu ihnen, wie es auch in der Natur der Sache lag, immer ein schwieriges gewesen ist, ja es noch ist, nur mit dem Unterschied, daß auch in Pennsylvanien in vergangenen Zeiten der Indianer den Weißen, in der Zerstreuung wohnenden Ansiedlern stets ein zweifelhafter Freund, oft aber ein verzweifelter Feind gewesen ist. Denn mit freundlichen Augen konnte der Indianer den Weißen doch nie ansehen. Sein Instinct lehrte ihn bald genug, daß ihm der Boden, das Land seiner Väter, unter allen Umständen auch beim friedlichsten Verfahren unter den Füßen weggenommen werde. Verträge, so schön sie lauten mochten, gaben der Sache einen guten Anschein, änderten aber daran im Wesentlichen nichts.

Von selbst versteht sich, daß die Gouverneure von Pennsylvanien, als die Repräsentanten der Kronrechte Englands und der Familienrechte der Penn's, für die Vertheidigung der Provinz gegen Feinde von außen und von innen einstehen mußten. Aber die Erfüllung dieser

Pflicht wurde ihnen sehr schwer gemacht. In den ersten .
sechzig Jahren des vorigen Jahrhunderts war das Quäker-
Element bei weitem vorherrschend in der Verwaltung der
Provinz. Wilhelm Penn hatte viele seiner Gesinnungsgenossen nach dem schönen und reichen Pennsylvanien gezogen. Schon sein Name gab ihnen ein besonderes Gewicht und sie trugen sich gleich ihm mit der Hoffnung,
ihre eigenthümlichen religiösen und gesellschaftlichen Ansichten auf dem jungfräulichen Boden dieses Landes un-
behindert in's öffentliche Leben einführen, ein ganz
neues, durch quäkerische Grundsätze getragenes Gemeinwesen darstellen zu können. Zu diesen ihren eigenthümlichen Anschauungen gehörte nun auch ihr ganz entschiedener Widerwille gegen Alles, was irgend mit dem Sol-
datenwesen zusammenhängt. Denn der Krieg selbst ist
ihnen nichts Anderes als Mord im Großen. Ein sitt-
liches Recht erkennen sie ihm unter keinen Umständen zu.
Eben darum geht es schon gegen ihre Grundsätze, auch
nur Steuern zu bezahlen, von denen sie wissen, daß sie
für Kriegszwecke sollen verwendet werden.

Bei dieser Lage der Dinge waren Collisionen zwischen
dem Gouverneur und zwischen der Assembly, ohne deren
Zustimmung kein Gesetz erlassen und keine Steuern erhoben werden konnte, ganz unvermeidlich. Und die
Transactionen, die zwischen jenen beiden Mächten im
Staat als ein rechter Wort- und Federkrieg geführt
wurden, gehören zu den unliebsamsten Partien der Geschichte Pennsylvaniens. So wurde die Administration
des Gouverneurs Georg Thomas, der im Sommer

1738 sein Amt antrat, verbittert durch die Schwierigkeiten, welche in Folge des Kriegs zwischen England,
Spanien und Frankreich in den vierziger Jahren des
vorigen Jahrhunderts entstanden. Die Sprache der
Documente, welche zwischen den beiden Theilen gewech-
selt wurden, geht oft bis ganz nahe an die Grenze, wo
die Höflichkeit aufhört und die Grobheit anfängt. Auch
in den fünfziger Jahren, in denen die Franzosen namentlich nach der für die Engländer so unglücklichen Schlacht
von Fort du Quesnes, beim jetzigen Pittsburg, 1755,
Schrecken über die Provinz brachten, und die Indianer an
den Grenzen der angebauten Gegenden über die Ansiedler
mit Mord und Brand hereinbrachen, war das Verhältniß
zwischen den Zweigen der Administration ein zum Theil
sehr unglückliches. Daß die Quäker durch ihren Eigensinn, unpraktische Principien um der Theorie willen fest-
zuhalten, der Provinz damals großen Schaden brachten,
ist nicht zu leugnen. Auch der Einfluß, den sie auf
andere Theile der Bevölkerung im politischen Leben
äußerten, war keineswegs immer ein guter. Er erstreckte
sich zeitenweise namentlich auch auf die Deutschen.
Denn diese waren nur allzu geneigt, dem Quäker zuzu-
stimmen, wenn dieser dastand als ein Gegner fernerer
Besteuerung, und dieß auch wenn die Besteuerung unter
den drohenden Verhältnissen um das Wohl des Ganzen
willen auch noch so nothwendig war. So wurde die
Constituirung von Northampton Co. betrieben eben mit
der Absicht, den Einfluß der Quäker, die in Philadelphia
Co. und Bucks Co. so zahlreich waren, auf die Deutschen

in jenem Gebiete zu vermindern. Auch mit den Indianern machten sich die Quäker zum Theil in einer Weise geschäftig, die dem Sinn der Administration nicht entsprach. Das wußten sich die Indianer zu Nutzen zu machen. Auch in ruhigeren Zeiten wurden auf die Indianer jährlich zwischen 400—500 Pa. Pfunde verwendet (3 Pa. Pfunde etwa gleich acht Dollars). Die Mittel, welche bisweilen angewendet wurden, den Einfluß der Quäker zu reduciren oder gelegentlich ihn zu annulliren, lassen sich keineswegs rechtfertigen. Beispiele werden uns hierüber noch belehren.

In der Verwaltung der Strafgerechtigkeit galt noch das alte englische Gesetz, mit all seiner unsere Zeit und unser Gefühl abstoßenden Härte. Wehe dem, der in jenen Tagen, sogar um Vergehen willen die uns unbedeutend erschienen, in die Hände der Obrigkeit fiel! Uebelthäter wurden mit rothglühendem Eisen Marken in die Hände gebrannt, die Ohren abgeschnitten oder sie wurden mit den Ohren an den Auspeitschpfahl angenagelt, wurden am Schandpfosten ausgestellt, empfingen eine tüchtige Tracht Peitschenhiebe, bisweilen einunddreißig und mehr, auf den nackten Rücken. In Philadelphia wurde das Ausstellen am Schandpfahle immer auf den Markttag verlegt, wo sich viel Volk aus Stadt und Land in den Straßen tummelte. Der Uebelthäter wurde zuerst durch die Stadt herumgeführt und dann ausgestellt. An solchen Tagen stieg der Preis der Eier um ein Ziemliches — aus leicht begreiflicher Ursache. (Wats. I., p. 103.) Das „zarte Geschlecht" kam nicht

beſſer davon als die Männer. Daß es nicht ausnahms⸗
los von zarten Gefühlen beſeelt war, beweiſt eine Ge⸗
ſchichte, welche Chriſt. Sauer in ſeinen „Pennſylvaniſchen
Nachrichten" unter dem 16. März 1755 mittheilt. In
Eaſton hatte ein Mann eine Axt geſtohlen und wurde
verurtheilt ausgepeitſcht zu werden. Der Sheriff wollte
die Execution nicht ſelbſt vollziehen, ſondern bot vier
Thaler Jedem, der es thun wollte. Niemand wollte die
vier Thaler verdienen. Da kam des Mannes Weib
und ſie übernahm es, gab, mit der Ruthe in beiden Hän⸗
den, dem Mann die verordnete Zahl von Hieben und
noch einen Streich mehr mit den Worten: „Da haſt du
noch einen um meinetwegen — du haſt mir auch einmal
eine ſo harte Ohrfeige gegeben." Und ſie empfing ihre
vier Thaler.

Für gewiſſe Verbrechen wurde das ganze Eigenthum
von der Adminiſtration in Beſchlag genommen. In
andern Fällen, in denen der Verurtheilte die ihm aufer⸗
legte Summe Geldes nicht bezahlen konnte, hatte der
Sheriff ihn an den Meiſtbietenden zu verkaufen, der ſich
durch Dienſtleiſtungen für ſeine Auslage bezahlen ließ.
Daß dieſe Geſetze bis 1786 in Kraft blieben, will uns
beinahe unglaublich erſcheinen. (New Holland Centen.
Book, p. 38.) Der Auspeitſchpfahl verſchwand in Penn⸗
ſylvanien erſt im Jahre 1790, und iſt im Nachbarſtaat
Delaware bekanntlich noch nicht verſchwunden. (History
of Lehigh Valley, Pa., p. 80.)

Die Gerichtsverhandlungen gingen damals mit viel
mehr Formalität vor ſich als in unſerer Zeit. Vor den

Richtern und hinter ihnen gingen, wenn sie ihre Privat=
wohnung verließen, die Constables und trugen die Zeichen
ihrer Würde. Die Richter bedienten sich des dreieckigen
Hutes. Auf der Gerichtsbank gaben sie sich den Ausdruck
des Ernstes und der Würde, das umherstehende Volk be=
gegnete ihnen mit größter Ehrfurcht. (History of Lehigh Valley, Pa., p. 79.) In Beziehung auf die Assem=
bly berichtet uns ein Quäker, John Churchman, in
seinem Tagebuch aus dem Jahre 1748, daß es in früheren
Zeiten Sitte der Glieder desselben gewesen sei, eine Weile
stille und nachdenksam wie beim Gottesdienst zu verharren,
ehe sie zu Geschäften schritten. (Wats. I., p. 58.)

Im Jahre 1704 begab es sich, daß Gouverneur J.
Evans, der ohnehin ein übelberüchtigtes Subject ist, die
Assembly auf den 15. October, der ein Sonntag war, zu=
sammenrief. Die Glieder erschienen und kamen zu Ord=
nung, um sich sogleich auf den folgenden Tag zu vertagen.
(Wats. I., p. 96.)

Daß in den ersten Zeiten des neu errichteten staatlichen
Wesens, die Landesadministration und die Handhabung
der Gesetze mit eigenthümlichen Schwierigkeiten zu kämpfen
hatte, ist leicht begreiflich. Die verschiedenartigen Ele=
mente der Gesellschaft, die mehrerlei Sprachen, die großen
Entfernungen, die ungenügen Communicationsmittel, die
mangelhaften Wege, die Ungewohntheit vieler Einwan=
derer an irgend eine Art von Selbstregierung, die prin=
cipielle Verschiedenheit der Ansichten und Tendenzen, das
Ungelöstsein mancher wichtiger Fragen, das Alles und
Anderes kommt hier in Betracht. Lange Jahre hindurch

war, wie wir schon früher erwähnten, nicht einmal die
Frage der geographischen Grenze der Provinz beantwor=
tet, und damit die der zuständigen Jurisdiction. Hier
war eine reiche Quelle politischer Conflicte. Zudem
waren hier sehr verschiedene Interessen zusammengestellt,
und allen gerecht zu werden schien unmöglich. Die Krone
von England hatte ihre besonderen Gesichtspunkte in
der Behandlung aller öffentlichen Fragen im Auge. Da=
mit waren die der Landeseigenthümer, der Familie Penn,
keineswegs immer identisch. Und wieder andere Inter=
essen verfolgte das Volk und seine gesetzlichen Vertreter.
Es ließ sich bald einsehen, daß daraus Schwierigkeiten
hervorgehen mußten. Es bedurfte seit der Gründung
der Provinz durch W. Penn keine hundert Jahren um
die Conflicte zum Ausbruch kommen zu lassen, um sie zu
lösen. Und sie lösten sich zum Vortheil des Volkes.
Unter den dreizehn Provinzen, die den Kampf mit
England aufnahmen und siegreich durchführten, war
Pennsylvanien der Schwerpunkt.

Wir hatten bereits Anlaß, auf eine Grenzschwierigkeit
zwischen Maryland und Pennsylvanien anzuspie=
len. Schon 1732 wurde von Seiten beider Provinzen
ein vereintes Committee ernannt, um den Disput beizu=
legen, der an gewissen Ausdrücken in den Freibriefen bei=
der Provinze seinen Anhaltspunkt hatte. Die geschicht=
lichen Quellen lassen keinen Zweifel darüber, daß der
Eigensinn und die Willkühr Lord Baltimores von
Maryland die Schwierigkeiten vermehrte und ein fried=
liches Uebereinkommen hinderte. Erst im Jahre 1762

wurde die Sache auf königlichem Specialbefehl und mit
dem Einverständniß der Eigenthumsherren beider Provinzen durch die Arbeiten der beiden Mathematiker und
Geometer, Charles Mason und Jeremias Dixon
zu Ende gebracht. Bekanntlich trägt die von ihnen fest-
gesetzte Grenzlinie ihren Namen. Aber jenes Grenzland,
um welches gestritten wurde, war für längere Zeit
der Schauplatz großer Störungen der öffentlichen Ordnung, ja des Blutvergießens, ehe es zum Friedensschluß kam. Theile des jetzigen York County von Pa.
waren der Kampfplatz, auf dem der sogenannte Cressap-
Krieg geführt wurde. Thomas Cressap kam 1732
mit andern Eindringlingen herüber von Maryland;
sie nahmen Landstücke in Besitz, auf welchen, als auf
Pennsylvanischem Grund und Boden, Deutsche Ansiedler
sich niedergelassen hatten, und in ihrem Verhalten waren
sie offenbar unterstützt durch die Autoritäten der Provinz
Maryland. Ordnungsmäßiges Vorschreiten der Pennsylvanischen Behörden führte nicht zum wünschenswer-
then Ziel. Zuletzt nahm das Volk von Lancaster
County, welches damals auch das Territorium von York
County in sich begriff, die Sache in die Hand, griff zu
den Waffen und trieb Cressap und seinen Anhang in die
Flucht. Damit aber war die Sache nicht abgemacht.
Mit dem stillen Einverständniß des Gouverneurs Ogle
von Maryland bildete Cressap, ein unruhiger, streitsüch-
tiger Mensch, eine Art von Association, kehrte zurück und
vertrieb die Ansiedler mit Waffengewalt aus ihren Bauereien. Ein Mann, Namens Knowles, verlor bei der

Attacke sein Leben. Cressap aber wurde am 23. Nov. 1736 vom Sheriff von Lancaster County gefangen ge= nommen, nachdem er eine Wunde erhalten, und zu Phi= labelphia in's Gefängniß gelegt. Da er dort auf Auf= forderung von Gouverneur Ogle hin nicht freigegeben wurde, so ergriff dieser Gegenmaßregeln und ließ vier Deutsche Ansiedler fassen und nach Baltimore deportiren. Eine Art von Grenzkrieg wurde nun im Jahre 1737 fortgesetzt, bis ein Königlicher Befehl den schmählichen Gewaltthätigkeiten zunächst ein Ende setzte. Die Ge= fangenen wurden auf Bürgschaft freigegeben.

Auch wegen der sogenannten Lower Counties, New Castle, Kent und Suffex, welche jetzt den Staat Delaware bilden, früher aber zu Pennsylvania gerechnet wurden, gab es Streit. Lord Baltimore, Eigenthü= mer von Maryland, hatte bei dem König Anspruch auf jenen District gemacht, als gehörig zu seinem Territo= rium. Er konnte indessen sein vermeintliches Recht nicht geltend machen gegenüber der Familie Penn und den Quäkern in England, welche den vielen in jenen Counties angesiedelten Quäkern in der Sache zur Seite standen, und gegenüber der Assembly von Pennsylvanien.

Eine andere, sehr bedeutende und lang andauernde Schwierigkeit war mit dem sogenannten Wyoming Land Grant verknüpft. Ansiedler aus Connecticut, die sich dort niedergelassen, behaupteten, daß jener District von Pennsylvanien, das Wyoming=Thal, zum Territo= rium von Connecticut gehöre, und diesen Anspruch basir= ten sie auf gewisse geographische, im Freibrief von Con=

necticut gebrauchte Ausdrücke, die ihnen zwischen gewissen Bestimmungen und Linien der geographischen Länge das Recht gaben „von Meer zu Meer". Das war nun frei= lich ein Ausdruck von höchst dehnbarem Charakter, der sich auch in andern provinziellen Freibriefen findet. Zu= dem war dabei ein offenbarer Conflict mit den Bestim= mungen des Pennsylvanischen Freibriefes, betreffend die Grenzen. Auch dieser Streit verlief nicht ohne Blutver= gießen und viele Gewaltthätigkeiten und dauerte bis in unser Jahrhundert. Natürlich lief die Entscheidung zu Gunsten Pennsylvaniens ab, das in sich abgerundet sein wollte. Ob aber die Frage des Rechts mit technischer Präcision und Klarheit beantwortet wurde, mag noch da= hingestellt bleiben.

Daß die Indianer während des vorigen Jahrhun= derts bis gegen die Zeit des Unabhängigkeitskrieges hin eine sehr reiche Quelle vieler Widerwärtigkeiten und Ver= drießlichkeiten wurden in Pennsylvanien, ist so bekannt, daß man kaum daran zu erinnern nöthig hat. Ganz be= sonders in den Jahren nach Brabbock's Niederlage am 9. Juli 1755 hatten die Ansiedler an den Grenzen des be= wohnten Theiles der Provinz, entlang dem Susque= hanna=Fluß und der Linie der Blauen Berge, ja weiter herein gegen Osten, entsetzlich durch die Mordlust und Raubgier derselben zu leiden. Hier zeigte es sich beson= ders, daß die Politik der Quäker, das Land nicht stets auf dem Fuß kräftiger Vertheidigung zu erhalten und für eine tüchtige Miliz zu sorgen, verderblich wirken mußte. Es ist leicht begreiflich, daß das Gefühl der Rache gegen

die Indianer auch lange, nachdem das Kriegsgeschrei
aufgehört hatte, noch anhielt und bisweilen ausbrach.
Dies fand statt besonders in Lancaster County. Auch
erlaubten sich die Indianer je und je wieder gelegentlich
Rohheiten und Gewaltthätigkeiten bis in den Anfang der
sechziger Jahre hinein, so daß namentlich die Counties
Northampton, Berks, York und Lancaster fortwährend
in einem Zustand der Aufregung sich befanden. Nie
fühlten die weißen Ansiedler sich sicher vor Anfällen.
Manche betrachteten die Indianer einfach als Höllengei=
ster in Menschenform. Und darüber wundert man sich
nicht, wenn man die unmenschlichen Grausamkeiten kennt,
mit denen die Indianer bei gegebener Gelegenheit ihre
Schlachtopfer behandelten. Nun befanden sich nament=
lich in Lancaster County eine ansehnliche Anzahl der
Connestoga Indianer und wurden von vielen weißen
Einwohnern als höchst gefährliche Nachbarn betrachtet,
obwohl dafür ein rechter Beweis nie beigebracht wurde.
Indeß war aber einmal auch gegen die ruhigsten unter
ihnen der Verdacht rege, daß sie Schlimmes im Schilde
führen und mit Mordgedanken umgehen. Jedenfalls
wurde angenommen, daß sie an den Feindseligkeiten, die
von andern Indianern in den Townships Paxton und
Donegal verübt wurden, wußten und dazu stille waren.
Die Behörden legten sich nicht in die Sache und so kam
es, daß eine Anzahl von Leuten aus jenen Townships
sich selber Luft verschaffen wollten und nun jene Conne=
stoga Indianer in Weaver Township plötzlich an=
griffen und am 14. December 1763 eine Anzahl von

Kindern und alten Weibern, mit ihnen auch einen betagten
Chief, der immer ein Freund der Weißen gewesen war,
niedermetzelten. Die Mehrheit jener Indianer aber
waren gerade damals nicht in ihren Hütten, welche die
"Paxton boys" niederbrannten, und diesen entronnenen
Theil brachte der Magistrat von Lancaster im dortigen
Arbeitshause unter, um sie an diesem sichern Platze vor
fernerem Angriff zu schützen. Vergeblich erließ der Gouverneur eine Proclamation gegen jenes gesetzwidrige blu-
tige Verfahren der rachsüchtigen Weißen. Diese rückten
nach Lancaster, erbrachen die Thore des Gefängnisses
und brachten mit kaltem Blute fünfzehn bis zwanzig Indianer um's Leben. In Folge des Alarms, der durch
solche schreckliche Vorgänge weit und breit erhoben wurde,
brachten die Herrnhuter (Moravians) die von ihnen in
Lancaster County zum Christenthum bekehrten Indianer
nach Philadelphia, um sie vor ähnlichem Schicksal zu
sichern. Nun zog aber ein ganzer Schwarm jener rachsüchtigen Geister gegen die Stadt heran, und Niemand
weiß, was für Unheil sie dort angerichtet hätten, hätten
sich die Bürger der Stadt nicht energisch aufgemacht,
ihnen mit voller Gewalt zu widerstehen. So fanden sie
es als das Beste, unverrichteter Sache wieder umzukeh-
ren. Wir haben hier ein lehrreiches Beispiel der Wir-
kung einer schwachen Regierung. Denn die Administration von Pennsylvanien vermochte weder auf der einen
Seite die Indianer zu controlliren und in Schranken zu
halten, noch auf der anderen jene Uebelthäter zur Rechen-
schaft zu ziehen. Niemalen sind jene Mörder zur Ver-

antwortung gezogen worden. Niemalen wurde über die schrecklichen Vorgänge Recht gesprochen.

Daß in Zeiten großer politischer Aufregung die blinden Leidenschaften über die ruhige Ueberlegung und die Grundsätze der Gerechtigkeit und Billigkeit siegen mögen, können wir verstehen. Dies findet seine Anwendung besonders auch auf die Zeiten und auf manche Vorfälle während des Unabhängigkeitskrieges. Wir können uns darüber nicht wundern, daß Diener der Episkopalkirche, die von England waren hierhergesandt worden und von den milden Gaben christlich gesinnter Leute in England waren hier unterhalten worden, um hier als Missionäre namentlich auch in den Landdistricten Dienste zu leisten, und die der Natur der Sache nach alle Wurzeln ihres Lebens im alten England hatten, sich während jenes großen Conflictes in einer höchst precären Lage befanden. Man mag auch willig annehmen, daß einzelne von ihnen nicht immer mit der nöthigen Umsicht und Vorsicht sich äußerten, und daß sie darum auch sich selbst nicht wundern konnten, wenn sie dafür zu leiden hatten. Hören wir, was einer dieser Missionäre, ein Mann guten Gerüchtes, unter dem 25. November 1776 über die Lage der Dinge schreibt. Er sagt: „Ich sah mich gezwungen, die Kirchen, in denen ich predigte, zu schließen, um mich nicht der Wuth des Volkes auszusetzen, das mir das Lesen des Kirchengebetes nicht gestatten wollte, wenn ich nicht die Gebete für den König und die Königliche Familie weglasse. Das aber erlaubt mir mein Gewissen nicht und die Erklärung, die ich bei meiner Ordination schriftlich

gegeben. Und obwohl ich alle denkbare Vorsicht anwen=
dete, um keinen Anstoß zu geben, so steht doch mein Le=
ben und mein Eigenthum in Gefahr um des bloßen
Verdachtes willen, daß ich gegen die Amerikanische
Sache nicht günstig gesinnt sei. In der That ist jeder
Geistliche der Englischen Kirche, der seinem Grundsatz
getreu handelt, die Zielscheibe der Beschimpfung und Be=
leidigung, und eben darum haben die Missionäre be=
sonders viel zu erdulden. Einige derselben wurden von
ihren Pferden gerissen, mit Steinen und Koth beworfen,
in's Wasser getaucht, gezwungen durch die Flucht ihr Le=
ben zu retten, von Haus und Familie vertrieben, arretirt
und eingekerkert." (Papers relating to the History of
the Church in Pa., 1871, p. 490.) Pastor Samuel
Johnston schreibt von York, Pa., unter dem 25. Nov.
1776, daß ein Haufe von Leuten — lauter Deutsche —
Pastor Adams gefaßt, ihn an's Wasser geführt, das
durch die Stadt läuft, und ihn mit barbarischer Rohheit
mehrmals darin untergetaucht haben. In diesem Zu=
stand setzten sie ihn auf sein Pferd und trieben ihn zwölf
Meilen weit, ehe ihm möglich war, seine Kleider zu wech=
seln (Das., S. 488). — Als man im Herbst des Jahres
1810 das Innere der St. Johannis Episkopalkirche zu
York ausbesserte und erneuerte, nahm man auch die
Kanzel hinweg, und unter ihr fanden sich mehrere Pfund
Schießpulver versteckt. Man hat Ursache zu glauben,
daß Jemand gegen Pastor Joh. Andrews, welcher
in jener kritischen Zeit der Gemeinde mehrere Jahre
diente, üble Absichten hatte. (History of York Co.,
p. 44.)

Was nun die Advokaten und die Männer der
Heilkunde betrifft, so scheinen die Zustände der Provinz wenigstens in den ersten Zeiten, unter Wilh. Penn,
für dieselben nicht eben sehr ermuthigend gewesen zu sein.
Der ehrliche Quäker Gabriel Thomas schreibt um's
Jahr 1696 aus Pennsylvanien: „Von Advokaten und
Aerzten will ich nichts melden; denn dies Land ist sehr
friedsam und gesund." (Watson, I, 23.) Doch was
auch die climatischen Vorzüge Pennsylvaniens gewesen
sein mögen, verglichen mit manchen anderen Gegenden
des großen Landes, so gab es gleichwohl Zeiten, in welchen Krankheit und Tod furchtbar herrschten. Außer den
auch in unserer Zeit noch herrschenden Fiebern waren
namentlich das Gelbe Fieber und die Pocken zwei grimme
Feinde, gegen welche die ärztliche Kunst sehr nothwendig
erschien, aber im Ganzen leider wenig ausrichtete. Jene
Fieber, die bekanntlich theils die Plage aller Colonisten
auf frisch gebrochenem Lande sind, theils entlang den
Flüssen und in sumpfigen Gegenden herrschen, begann
man in der ersten Hälfte des vorigen Jahrhunderts mit
Chinarinde zu behandeln, wie wir dies aus den Salzburger Nachrichten von Ebenezer in Georgien abnehmen.
Gegen die Pocken, die periodisch grassirten und noch gras-
siren, war man im Ganzen schutzlos. Denn die Erfin-
dung der Kuhpockenimpfung machte Edward Jenner
erst im Jahre 1796. Das Gelbe Fieber, war es
einmal ausgebrochen an einem Orte, forderte seine Opfer
und man stand ihm wehrlos gegenüber. Hier bedurfte
es umfassender Vorsichtsmaßregeln, um ihm den Zugang

zu wehren und keine Nahrung zu geben. Aber dazu
waren jene früheren Zeiten noch nicht bereit. Noch um
1736 und später hatte Philadelphia nicht eine einzige ge=
pflasterte Straße. Man kann sich denken, wie es mit den
Ableitungscanälen bestellt war. Bis 1793 dachte man an
gar kein anderes Wasser für den Hausgebrauch, als an das,
welches von den vielen über die ganze Stadt hin zerstreu=
ten Pumpen zu gewinnen war. Aber je volkreicher die
Stadt wurde, um so unreiner mußte, namentlich beim
Mangel eines gehörigen Ableitungssystems, das Wasser
der Pumpen werden. Erst nach den schrecklichen Ver=
heerungen des Gelben Fiebers im Jahre 1793 fing man
an, die Versorgung der Stadt mit Wasser auf anderem
Wege in's Auge zu fassen. Benjamin Franklin hatte
auf den Wissahickon=Bach hingewiesen schon viel früher.
Später wurde der Schuylkill=Fluß verwendet (1799 der
Anfang) und jetzt muß auch der Delaware contribuiren
(Watson, 1, 457).

Was die Advocaten betrifft, so lenkte Gouverneur
Keith schon im Jahre 1722 die Aufmerksamkeit der As=
sembly darauf, daß Prozesse auf eine auffallende Weise
zunähmen und daß es der Mühe wäre, den Ursachen die=
ser eigenthümlichen Erscheinung nachzuspüren. Er sagt,
daß man sich darüber beruhigen könne, wenn die Zu=
nahme des Handels und des Reichthums den Anlaß dazu
gäbe; seien aber die Ursachen anderer Art, so habe man
bedenkliche Folgen zu erwarten (Rob. Proud's History
of Pa., I, p. 149). Wie dem nun auch gewesen sein
mag, die Provinz litt jedenfalls für geraume Zeit an kei=

nem Ueberfluß von Abvocaten. Im ganzen County York
gab es 1762 nur zwei Herren dieses Berufes, ein Um-
stand, den sich bald Abvocaten aus benachbarten Counties
zu Nutzen zu machen wußten. Wie wenig in früheren
Zeiten das deutsche Landvolk Pennsylvaniens mit den
Technicalitäten der Rechtsgelehrten zu thun hatte, das
klingt in einem der köstlichen Gedichte des gemüthvollen
Dr. Harbaugh in pennsylvanischer Mundart durch
("Law-business;" Edit. 1874, p. 96 ss.). Philadelphia hatte im Jahre 1783 nicht weniger als 32 Abvocaten, von welchen elf in der Front und Market Straße
wohnten, wo jetzt kaum irgend ein Repräsentant dieser
Berufsart zu finden sein dürfte (Watson, I, 321). In
Lancaster fand sich um 1730, da die Stadt noch im glück-
lichsten Kindesalter lebte, bei einer Bevölkerung von 200
Seelen nur Ein Abvocat. Ob er in seiner Person das
pro und das contra vereinigte, wissen wir nicht. Ein
Amtsbruder aber gesellte sich ihm im folgenden Jahre an
die Seite und befreite ihn von dem Dilemma (History
of Lancaster Co., p. 261). Eine der Ursachen, welche
das Abvocatenthum in Lancaster später sehr in Anspruch
nahmen, war die wegen der sog. Quit-rents entstehende
Schwierigkeit. Widerspruch trat hervor schon als Wilh.
Penn Landstücke verkaufte und diese Abgaben einführte.
Sie bildete auf jedem Landstück, das unter dieser Be-
dingung erkauft war, eine bleibende Rechtslast und wurde
als ein Druck und ein Hinderniß empfunden, selbst wenn
sie an sich unbedeutend war. Bisweilen hatten einhundert Acker Landes nur Einen Schilling zu bezahlen als

jährliche Abgabe, bisweilen bis zu sechs Schillingen und auch noch mehr. Daraus entstanden später Schwierig= keiten und führten gerade in Lancaster zu heftigen Auf= tritten. Völlig wurden diese Quit-rents abgethan durch die 9. Section des Diverting Act vom 27. Nov. 1779. (History of Lancaster Co., p. 56, 57.)

In der Wahl der Gouverneure waren die Herren Penn, die Eigenthümer der Provinz, keineswegs immer glücklich. Den schlimmsten Mißgriff in dieser Hinsicht machte aber Wilh. Penn selbst, als er 1703 den sehr anstößigen John Evans, dessen wir schon früher ge= dachten, als Vertreter seiner Rechtsgewalt hierher sandte. Evans war ein Mann von rauhen Manieren und sitten= losen Grundsätzen. Dafür läßt sich genug Beweis und Zeugniß beibringen. Als im Jahre 1708 Salomon Cresson, der Constable der Stadt, eines Abends seinen Rundgang durch die Straßen machte, um nachzusehen, ob Alles in guter Ordnung sei, da fand er in einem Trink= local eine lärmende Versammlung lustiger Kameraden, denen er in Kraft seines Amtes Anweisung gab, nach Hause zu gehen. Unglücklicherweise hatte er Seine Ex= cellenz, den Herrn Gouverneur, der sich unter diesen Zechbrüdern befand, nicht erkannt und empfing sofort von demselben eine tüchtige Tracht Prügel und wurde außer= dem mit zwei Tagen Gefängniß bestraft. Das war aber lange nicht das Schlimmste, was der Gouverneur in sei= ner verantwortlichen Stellung verübte. Einmal brachte er die Stadt Philadelphia und Umgegend in großen Schrecken. Mit den sittlich=strengen Ansichten des besten

Theiles der Bevölkerung, über die er gesetzt ward, har=
monirte er ohnehin nicht; namentlich aber war ihm der
Widerwille der Quäker, die gerade in seinen Zeiten hoch
oben in der Gesellschaft der Provinz standen, gegen Krieg
und Alles, was irgend mit Krieg zu thun hatte, sehr ge=
gen den Sinn. Um dieselben nun auf andere Gedanken
und Anschauungen zu leiten, griff der thörichte und leicht=
sinnige Mann zu einem höchst barocken Mittel. Er machte
mit etlichen Gesinnungsgenossen einen Plan, die Leute
durch falschen Kriegslärm zu erschrecken, um sie von der
Nothwendigkeit kriegerischer Rüstung zu überzeugen. Am
sechsten März des Jahres 1706 kam auf einmal ein rei=
tender Bote von New Castle nach Philadelphia an den
Gouverneur und zeigte ihm mit den Kundgebungen des
Schreckens und der größten Eile an, daß eine Anzahl
französischer Kriegsschiffe — denn Frankreich war damals
wegen der Succession in Spanien mit England im Krieg
begriffen — den Fluß heraufkommen. Alsobald ließ der
Gouverneur die Kunde davon durch die Stadt ergehen,
setzte sich zu Pferde und ritt selbst mit gezogenem Schwerte
umher, benahm sich, als sei er selbst sehr alarmirt, und
haranguirte die Leute jeden Standes, ihm in dieser kriti=
schen Lage doch an die Seite zu treten. Zum Theil setzte
er durch, was er wollte. Viele Einwohner geriethen in
großen Schrecken. Manche warfen ihr Silberzeug in
heimliche Orte oder verbargen es sonst. Andere packten
ihre Werthgüter eiligst zusammen und flohen aus der
Stadt. Kurzum, es entstand Wirrwarr und Verdrieß=
lichkeit genug. Natürlich stand es nicht lange an und der

ganze Betrug kam an's Licht. Die Sache war aber kei=
neswegs geeignet, die Achtung gegen den erstcn Bcamten
der Provinz irgend zu vermehren. Ein Kalender, der
um jene Zeit erschien, brachte den sachentsprechenden
Reim:

Wiso men wonder, good men grieve,
Knaves invent and fools believe.

(Proud's History of Pa., I, 469 ss.) Gouverneur J.
Evans wurde 1709 seines Amtes entlassen, nachdem er
Anlaß genug zu allerlei Klagen gegeben hatte.

Mit politischen Wahlen war oft schon in frühern
Zeiten sehr starke Aufregung der Gemüther verbunden.
Je und je kam es auch zu Störungen der öffentlichen
Ruhe, und die Mittel, deren die Parteien sich bisweilen
zur Erreichung ihres Zweckes bedienten, waren gar nicht
zu loben. Einen Fall letzterer Art verzeichnet Robert
Proud in seiner Geschichte Pennsylvaniens. Als im
Jahre 1742 im October Glieder für die Assembly der
Provinz sollten erwählt werden, hatte der Eifer der Par=
teien sich hoch hinauf gesteigert. Zur Zeit der Wahl er=
schien plötzlich in Philadelphia ein Haufe Matrosen, die
von den im Fluß liegenden Schiffen kamen und an der
ganzen Wahlhandlung durchaus keinen rechtlichen Antheil
haben konnten, mit Prügeln und Keulen bewaffnet, wild
heranstürmend, und machten Krawall; sie schlugen drein
und warfen manche Bürger zu Boden, Magistratsperso=
nen, Constables und respektable, ruhige Einwohncr, wie
sich's traf; sie räumten sich die Straßen mit Gewalt und
verschiedene Personen wurden als todt weggetragen. Und

als wahlberechtigte Bürger wiederkehrten, wurde der Unsfug frisch angefangen, bis endlich doch die Einwohner der Stadt, empört über solches Verfahren, zusammenstanden, sich ihres Rechtes wehrten und die wilde Rotte auf ihre Schiffe zurücktrieb, auch nahezu fünfzig ihrer Zahl dingfest machte, die freilich bald nachher wieder freigelassen wurden, da es deutlich genug sich herausstellte, daß diese Burschen nur von Politikern einer Partei waren in Dienst genommen worden. Es war dabei einfach darauf abgesehen, dem Uebergewicht, das die Quäker in der Politik der Provinz bisher gehabt hatten, damit einen Schlag zu versetzen. (History of Pa., II, 227 ss.)

Auch die Stadt York erlebte im Herbst 1749 höchst aufregende Szenen, als dort zum ersten Male Wahl eines Sheriffs sollte gehalten werden. Die beiden Wahlcandidaten waren Hans Hamilton und Richard McAllister. Für Hamilton trugen die Irischen, für McAllister die Deutschen das Banner. Die Deutschen waren sehr geschäftig und es war zu erwarten, daß sie die Wahl gewinnen würden. Dem aber setzten die Irischen einen festen Willen entgegen und ein Paar handfeste Söhne der grünen Insel besetzten kurzweg die Thüre des Trinklocals, wo die Stimmzettel abgegeben wurden, fest überzeugt, daß es das Rechte sei, Niemand stimmen zu lassen, der nicht für die irische Partei stimmen wolle. Aber ein kampflustiger Deutscher, der anderer Ansicht huldigte, machte kurzen Prozeß und legte einen der Irischen in's Gras. Hiemit fing die Sache Feuer und in

weniger denn fünf Minuten war das Handgemenge im
besten Gang. Die nahe Waldung bildete das Arsenal
und mit jungem Unterholz wurde kräftig drauf losgear=
beitet in Angriff und Abwehr. Wahrlich, der Kampf
war heiß, blieb aber nicht allzulange unentschieden, und
unparteiisch berichtet die Geschichte, daß "the Dutch
party" siegreich aus dem Kampfe hervorkam und daß
die Irischen sich rückwärts hinter den Coborus=Fluß zu
concentriren hatten. Das seltsamste aber ist, daß nach=
her Gouverneur Hamilton doch seinem nahen Freunde
Hans Hamilton das Sheriffspatent ausstellte, der dann
auch bis 1752 dies Amt behielt (History of York Co.,
p. 112 ss.). Schlimmeres aber kann einem freien Volke
kaum passiren, als daß tyrannische Gesetzlosigkeit und
Willkühr an die Stelle der Ordnung und Freiheit tritt.
Je weniger und je seltener die Geschichte von solchen und
ähnlichen Vorgängen zu berichten weiß, um so besser.

Als etwas Außerordentliches kam es vor, daß in jener
„guten alten Zeit" bisweilen auch Glieder des zarten
Geschlechtes sich bei Wahlgelegenheiten des gemeinsamen
Vaterlandes auf's Wärmste annahmen. Davon findet
sich ein Beispiel in der Geschichte von Lancaster
County. Dort war die politische Aufregung nament=
lich im Jahre 1732 sehr bedeutend und steckte zum Theil
auch die Frauen an. Ein Herr Andreas Galbraith
von Donogal und ein Herr Johann Wright von
Hempfield waren Candidaten der Wahl für die Assembly.
Beide hatten eifrige Anhänger und an Wahlumtrieben
fehlte es nicht. Aber den besten Bundesgenossen hatte

Herr Galbraith. Seine Frau band die Sporen an ihre
Schuhe, schwang sich auf ihr Lieblingspferd Polly, ließ
Haare und Mantel im Winde flattern, brauste dahin
und hielt an rechts und links, die gute Sache ihres Andreas zu führen. Und sie führte sie gut. Sie wußte,
was die Ehre ihres Hauses erfordere und daß für sie kein
Opfer zu groß sei. Und wirklich — Andreas Galbraith
wurde erwählt und nahm seinen Sitz in der Assembly.
Vergeblich machte Herr John Wright Versuche, die Wahl
nachträglich umzustoßen. Was Frau Galbraith zuwege
gebracht hatte, dagegen vermochte irdische Gewalt nichts
auszurichten. (History of Lancaster Co., p. 264.)
Weniger glücklich war eine Frau Lowe, deren beide
Söhne, Daniel und Wilhelm, in die Cressap-
Schwierigkeiten verwickelt waren und wegen verübter
Gewaltthaten in die Hände der öffentlichen Gerechtigkeit
fallen sollten. Der Constable von Hempfield Township
zog darum mit einem "posse comitatus" in's Feld,
rückte vor das Haus Herrn Lowe's und ergriff die beiden
Söhne, die sich aber stark zur Wehr setzten. Und ihnen
trat sofort energische Mutterliebe an die Seite. Denn
Frau Lowe erhob ihr Klagegeschrei, alarmirte die Nachbarschaft, und Thomas Cressap, Wilh. Lowe und Edw.
Evans machten den Versuch, dem Diener der Gerechtigkeit und der öffentlichen Ordnung seine Gefangenen wieder zu entreißen, bei welchem Anlaß einer seiner Gehilfen
verletzt wurde. Aber sie setzten ihre Sache nicht durch;
Daniel und Wilhelm fanden Zeit und Gelegenheit, im
stillen Verschluß zu Lancaster über den Irrthum ihres

Weges nachzudenken und Frau Lowe mußte ihren Schmerz im Mutterherzen verschließen (Daf., S. 265 f.).

Es möchte wohl auch in unseren Tagen vorkommen, daß Jemand sich weigern würde, ein ihm angebotenes öffentliches Amt anzunehmen. Der Fall ist nicht wahrscheinlich, aber doch denkbar, daß ein Bürger es abschlagen würde, sich zum Präsidenten der Verein. Staaten oder zum Gouverneur eines Staates oder zum Mayor von New York, Philadelphia oder Chicago erwählen zu lassen. Die Sache wäre allerdings phänomenal, aber nicht jenseits der Grenzen des Möglichen, obwohl wir uns aus neuester Zeit keines solchen Falles erinnern. Aber im Jahre 1703 kam es wirklich vor, daß Alberman Griffith Jones zum Mayor von Philadelphia erwählt wurde in guter Ordnung, aber nachher sich weigerte, das Amt mit Würde und Bürde anzutreten. Für diese Widerspenstigkeit belegte ihn das Gericht sofort mit 40 Pfund Strafgeld. Alsobald aber erwählten ihn seine Mitbürger im folgenden Jahre wieder zum gleichen Amt, worauf er die Bitte einreichte, daß ihm die Strafe der 40 Pfund möge erlassen werden, was ihm auch gewährt wurde. Dem Manne wird unser Mitgefühl werden, wenn wir bedenken, daß die Stelle des ersten Beamten der Stadt reine Ehrensache und keinerlei Besoldung damit verbunden war. Wahrscheinlich waren auch etwaige Nebeneinkünfte von keinem großen Belang. Und so blieb die Sache bis 1747 und bei dieser ökonomischen Verwaltung der ersten Munizipalität der Provinz mögen wir uns kaum wundern, daß die Bürger Schwierigkeit

hatten, Jemand zu finden, der mit der Ehre zufrieden
war, unter ihnen der vornehmste zu sein und nebenher
noch viele Verantwortung auf sich zu nehmen. Endlich
aber nahm der Verwaltungsrath der Stadt einen groß=
müthigen Anlauf und beschloß, dem ersten Beamten der
Stadt jährlich ganze Einhundert Pennsylvanische Pfunde
angedeihen zu lassen. In unseren Zeiten genießt der
Mayor derselben Stadt eine jährliche Besoldung von
$6000. Wir hören nicht mehr, daß Jemand, der zum
Amt erwählt wird, es ausschlägt.

Eine freie Verfassung und Regierungsform ist nicht
denkbar ohne Verschiedenheit der Ansichten in Verwal=
tungsfragen. Parteien sind nothwendig schon deshalb,
weil sie das politische Leben vor Stagnirung bewahren.
Opposition gegen die gerade herrschende Partei bildet
eine unentbehrliche und heilsame Controlle und ist ein
Schutz gegen Mißbrauch der Gewalt, welche die herr=
schende Partei in Händen hat. Eben deshalb tadeln wir
es gar nicht, daß auch die von Wilhelm Penn selbst wäh=
rend einiger Zeit nach seiner Ankunft geführte Admini=
stration der Kritik anheimfiel, was auch ihre Vorzüge ge=
wesen sein mögen. Und einige seiner Opponenten finden
sich selbst unter seinen religiösen Parteigenossen, unter
den Quäkern. Viel weniger waren Manche von denen,
die in Religionssachen anderer Ueberzeugung waren, mit
einzelnen seiner Maßnahmen zufrieden. Sie sagen ihm
nach, daß er trotz aller seiner angeblichen Quäker=Einfalt
und Redlichkeit bisweilen den Schlauen gespielt habe.
In den Papers, relating to the [Episcopal] Church

in Pa., A. D. 1680—1778, privately printed 1871,
fand ich "A brief Narrative of the proceedings of
William Penn," deſſen Verfaſſer als Augenzeuge der
Vorfälle ſchreibt, von welchen er berichtet. Das Manu=
ſcript befindet ſich im Archiv der alten "Society for the
propagation of the Gospel in foreign parts" zu Lon=
don. Hier wird geſagt, daß Penn nach ſeiner Ankunft
einige Beamte wegen ſchlechter Verwaltung abſetzte, was
vielen Beifall fand. Bald aber habe er angefangen, bei
Wahlen einen unpaſſenden Einfluß geltend zu machen
und ſich zweideutiger Redeweiſe zu bedienen. So ſagte
er z. B., daß Niemand wählen oder gewählt werden
dürfe, der ſchwöre (swear), ein Wort, das mehr als
Eine Auslegung zuläßt. Er ſagte auch, daß er willig
ſei, einigen Kirchenmännern (im Unterſchied von Quä=
kern) Antheil an der Regierung der Provinz zu geſtatten,
ja, er verleitete (seduced) drei Glieder des Kirchenraths
der biſchöflichen Gemeinde, daß ſie zuſammen mit "six
strong Foxian Quakers, one Swedo (a Lutheran) and
a sweet singer of Israel" unter ihm als Justices der
Stadt und des County Philadelphia dienen ſollten. Als
nun aber der Gerichtshof eröffnet wurde und der erſte
Zeuge verlangte, ſeinen Schwur abzulegen, auch die Kir=
chenmänner dieſe Forderungen als recht und vernünftig
anſahen, und dies um ſo mehr, da die unbeeidigte Aus=
ſage in der Provinz ſchändlich war mißbraucht worden,
ſo machten die ſechs Quäker ſofort Einſprache und Ein=
halt in den Verhandlungen und erklärten, daß ihnen ihr
Gewiſſen nun und nimmermehr erlaube, auf einer Rich=

terbank zu sitzen, wo man schwören lasse, und daß ent=
weder der eine oder der andere Theil abzutreten habe.
Und hierin ließen sie sich auch nicht umstimmen. Als
nun hin und her geredet wurde, erschien Wm. Penn selbst
und machte die ganze Schwierigkeit den Kirchenmännern
zum Vorwurf, klagte sie eines Vertrauensbruches an,
daß sie ihr Amt nicht sofort niederlegen und sich stille
zurückziehen, damit seine eigenen Leute nach ihren Grund=
sätzen handeln können. Er nahm die Amtsernennung
der Männer zurück und ernannte neue Justices, unter
denen sich aber der Name keines Kirchenmannes befand.
(Papers relat., etc., p. 1 ss.)

Einer der stärksten Gegner Wilh. Penn's war David
Lloyd, Attorney-General, selbst ein Quäker, aber der
Leiter der Opposition. Penn selber redet von "knavish
and foolish enemies." Seine Gegner machten es sich
besonders zum Geschäft, bösartige Berichte über die Zu=
stände der Provinz nach England zu senden. Und die
Opposition gegen die Administration des Eigenthumsherrn
der Provinz hörte nicht auf, als Penn im Jahre 1701
dieselbe zum zweiten und letzten Male verließ. Sie
zeigte sich in einer Widerwilligkeit, die für die Verwal=
tung und ihre Beamten nöthigen Gelder zu gewähren.
Versuche wurden gemacht, die Regierung wieder direct in
die Hände der Krone Englands übergehen zu lassen. Es
fehlte nicht an Factionen unter den Quäkern selber. Das
ältere Geschlecht war ruhig und conservativ, die Jugend
wollte mehr im Sinn des Fortschritts wirken (Watson I,
p. 80). Je mehr die Bevölkerung zunahm und je ver=

schiebenartiger ihre Bestandtheile wurden, um so mehr
fand das Regiment der Quäker Verlegenheiten und machte
solche. Auf eine der schlimmsten Seiten dieses Verhält=
nisses hatten wir schon Gelegenheit hinzuweisen, daß
nämlich eine zumeist aus Quäkern zusammengesetzte As=
sembly sich unwillig zeigte, zur Zeit des Krieges mit den
Franzosen und Indianern für eine kräftige militärische
Vertheidigung der Provinz zu sorgen. Daher die steti=
gen widerwärtigen Conflicte zwischen den Quäkern und
den Gouverneuren. Es ist ein auffallendes Factum, daß
nicht ein einziger Sohn Wilh. Penn's in der Verbindung
der Quäker blieb, deren weitaus geehrtestes Glied der
Vater gewesen war. Alle schlossen sich an die bischöfliche
Kirche an.

Die Zeitungsliteratur spielte damals lange nicht
die bedeutende Rolle im öffentlichen Leben, die ihr in un=
seren Tagen zukommt. Das erste englische Blatt in den
Colonien war "The Boston News Letter" und erschien
zuerst 1704; ein zweites erschien im Jahre 1710 zu Bo=
ston und hieß "The Boston Gazette." Beide erschienen
wöchentlich. Im Jahre 1719 trat in Philadelphia auf
"The American Weekly Mercury." Seine Hauptab=
sicht war "to encourage trade." Das Blatt enthält
Neuigkeiten vom Ausland, Anzeigen der Ankunft von
Schiffen und Waaren, aber theilt gerade vom Inland
und seinen Begebenheiten wenig mit. Im Jahre 1728
kam Keimer einem von Franklin bereits ausgespro=
chenen Gedanken zuvor und gab "The Pennsylvania
Gazette" heraus, die aber bald in Franklin's Hände

fiel, der durch den seit 1732 jährlich erscheinenden "Poor
Richard's Almanac" sich bereits populär gemacht hatte
und das Blatt vereint mit H. Meredith herausgab bis
1752. Es gewann einen größeren Leserkreis erst, als
Franklin im Jahre 1753 Postmeister geworden war.
Auch erschien es von 1754 an in Folio. Am 9. Mai
1754 brachte es das Bild einer in acht Stücke getheilten
Schlange mit dem Motto: "Join or die," was auf die
Nothwendigkeit des Zusammenhaltens der damaligen acht
Provinzen gegen die Franzosen und Indianer zielte und
in unserem Jahrhundert unter ganz anderen Verhältnis=
sen neue, bedeutsamere Anwendung fand. Vom Mai
1766 an war das Blatt in den Händen von Hall und
Sellers, suspendirte aber 1777 beim Einrücken der
britischen Truppen. Sellers gab es nachher wieder als
Wochenblatt heraus; 1804 ging es in andere Hände
über. Mit dem 2. December 1742 erschien auch "The
Pennsylvania Journal and Weekly Advertiser," mit
politischer Tendenz im Interesse der Colonien. Auch
diese Zeitung suspendirte 1777, war aber auch wieder
fortgesetzt bis 1800 und machte dann Raum für "The
True American." Noch andere Blätter waren "The
Pennsylvania Chronicle and Universal Advertiser,"
seit Januar 1767, welches aber den Geist 1773 aufgab
wegen seines entschiedenen Toryismus, seiner freund=
schaftlichen Gesinnung gegen England; "The Pennsylvania Packet; or, The General Advertiser," Wochen=
blatt, erschien zuerst 1771; von 1783 erschien es drei
Mal in der Woche und begann ein Jahr später täglich

zu erscheinen, das erste Blatt dieser Art in den Ver.
Staaten. Nachher hieß es "American Daily Adver-
tiser" und ging 1840 über in "The North American."
Noch ein Paar andere Blätter traten in den tiefbewegten
Siebenziger Jahren des vorigen Jahrhunderts auf, konn=
ten sich aber in die Länge nicht halten.

Das erste Deutsche Journal in Pennsylvanien
veröffentlichte Christoph Sauer zu Germantown, der
zu der Gemeinschaft der Tunker gehörte, unter dem Ti=
tel: „Der Hoch=Teutsch Pennsylvanische Ge=
schicht=Schreiber oder Sammlung Wichtiger
Nachrichten aus dem Natur= und Kirchen=
Reich." Es trat auf im Jahre 1739 und erschien
Jahre lang am 16. jeden Monats. Sauer war es, der
auch 1743 die erste Deutsche Bibelausgabe in der
Neuen Welt veranstaltete. Viel später erschien die erste
Englische Bibelausgabe in der Neuen Welt. Sauer's
Journal brachte Nachrichten aus dem Ausland und In=
land, Besprechungen politischer Fragen, moralisirende
Artikel, in welchen Sauer als Tunker Gelegenheit er=
griff, seinen Widerwillen gegen die Kirchen kundzugeben;
biographische Skizzen und viele geschäftliche Anzeigen,
unter welchen die Anzeigen entlaufener Servants eine
Hauptrolle spielten. Es erhielt sich bis 1777. — Im
Jahre 1743 begann Joseph Crellius „Das Hoch
Deutsche Pennsylvanische Journal." Im Jahre 1751
erschien auch in Philadelphia ein Blatt in Englisch und
in Deutsch. Am 16. Mai 1748 macht Sauer in seinem
Blatt bekannt, daß Einer, der bei ihm das Drucken ge=

lernt, Gotthard Armbruster, willig sei, alle Wochen
eine Zeitung zu drucken. Er wolle den 27. Mai den An=
fang machen. — Der „Wöchentliche Philadelphia Staats=
bote" wurde 1762 von H. Miller herausgegeben; er
erschien später in der Woche zwei Mal und von 1768 an
als „Pennsylvanischer Staatsbote" und hielt sich bis
1779. (Watson II, 394 ss.)

Die öffentlichen Blätter hatten in jenen längst vergan=
genen Zeiten bei weitem nicht den Einfluß, den sie in
unseren Tagen haben, in denen sie alle Tage uns zu
wissen thun, was in der weiten Welt geschieht, und ohne=
hin über die engere Welt der Ver. Staaten und Alles,
was in ihr geschieht, auch gleich zu Gericht sitzen. Vie=
les, was unsere Tagesblätter frei besprechen, wurde in
jenen Zeiten durch Flugblätter und Pamphlete be=
handelt, und sie bilden eine reiche Literatur, in der auch
der Parteigeist waltete, aber sehr oft unter der Maske
der Anonymität. (Watson, I, 89 ss.; II, 36, 326, 337,
396, 399; III, 479.)

Die erste Assembly von Pennsylvanien versammelte
sich am 10. Januar 1683, und zwar in dem Local, das
den Quäkern für ihre religiösen Zusammenkünfte diente.
Auch andere Privathäuser wurden in Anspruch genom=
men, bis — nach der Meinung Einiger — im Jahre 1707
das Court House an der Market und Zweiten Straße zu
Philadelphia erbaut war. Andere datiren die Vollendung
des Baues, der die Market Straße in seiner Zeit ent=
stellte, früher. Unter Anderem wurde ein Gesetz gestellt
zur Verhinderung von Litigationen; es sollten drei Frie=

bensstifter durch das Gericht des County's ernannt wer=
ben im Sinn von unbefangenen Beurtheilern, um alle
Schwierigkeiten zu vernehmen und sie zu schlichten. Ja,
es wurde in jenen guten alten Zeiten sogar der Vorschlag
in der Assembly gemacht, daß „alle jungen Männer eines
gewissen Alters sollten gesetzlich zum Heirathen verpflich=
tet werden." Ein anderer Vorschlag lautete dahin, daß
„nur zwei Arten von Kleidern dürfen gesetzlich getragen
werden, nämlich die einen für den Sommer, die anderen
für den Winter." (Watson, I, 18.) Ob die Indivi=
buen, von welchen solche Vorschläge ausgingen, verhei=
rathet oder hagestolz waren, vermögen wir leider nicht
anzugeben.

Viertes Kapitel.

Das religiöse Leben.—Kirche und Schule.

Es ist eine Thatsache, daß mit der Gründung einiger
nordamericanischen Colonien und Provinzen reli=
giöser Eifer und Ueberzeugungstreue viel zu thun hatte.
Auch die Gründung und Organisation der Provinz
Pennsylvanien steht im engsten Zusammenhang mit einer
eigenthümlichen Auffassung und gesellschaftlichen Darstel=
lung des Christenthums. Wm. Penn verfaßte den Plan
der politischen Verfassung seiner Provinz Pennsylvanien

in Uebereinstimmung mit seinen Quäkeransichten. Er war sich bewußt, daß er auf der Grundlage seiner besonberen Ueberzeugung einen neuen Zustand der Gesellschaft und des politischen Lebens aufbaue. Wir haben keinen Grund zu denken, daß er hierin irgend unlauter war. Er hatte um seines Glaubens willen in England Verfolgung, Gefängniß und Widerwärtigkeit genug erdulbet. Und wir finden es auch begreiflich, daß er auf verschiebene Weise diejenigen begünstigte, welche die Genossen seiner Ansichten und Zwecke waren. Er fühlte, daß sie und keine Anderen dazu angethan waren, die Provinz in dem Geist und auf der Grundlage aufzubauen, die ihm die einzig richtige zu sein schien. Aber dabei war er doch weit davon entfernt, Pennsylvanien zu einem ausschließlichen Quäker-Asyl machen zu wollen; vielmehr wird von ihm gesagt, daß er in religiöser und bürgerlicher Hinsicht seine Arme für alle Menschen offen hielt ohne Rücksicht auf Partei oder Unterschied des Glaubensbekenntnisses (Proud's History of Pa., I, p. 163); es sollte in diesem neuen Gemeinwesen nicht irgend ein Glaube, sondern der persönliche Werth jedem Glied der Gesellschaft das Anrecht auf den Schutz und die Rechte des Staates geben. Man mag wohl gerne hören, was Wm. Penn in Beziehung auf seine Absichten als Eigenthumsherr von Pennsylvanien noch in England an einen vertrauten Freund schrieb. „Als ich Herr meines Landes wurde," sagt er, „so trat ich vor Gott und mußte mehr und mehr in mir selbst einkehren und die Gedanken auf ihn richten und es als aus seiner Hand und Macht

kommend annehmen. So sah ich es an, so nahm ich es
und so will ich es halten, daß ich seiner Liebe nicht un=
würdig mich zeige, sondern so handeln möge, wie es sei=
ner gütigen Vorsehung gemäß sein, seine Wahrheit fördern
und seinem Volke nützen mag, damit den Völkern hier
ein Beispiel vor's Auge gestellt werde; nicht hier, aber
dort mag sich für einen solchen heiligen Versuch Raum
und Gelegenheit finden.'' Gewiß, das war ein edler
Flug der Gedanken in der Seele eines ungewöhnlich an=
gelegten Mannes. Die Veröffentlichung, in welcher er
von den natürlichen Vorzügen seiner Provinz redet und
Ländereien 'n ihr zum Verkauf anbietet, schließt mit den
Worten: „Ich fordere alle meine Landsleute, die ge=
neigt sein mögen, dort hin zu ziehen, auf, sich wohl zu
besinnen und an die Unbequemlichkeiten der Sache ja
nicht weniger zu denken, als an mögliches Glück und
Fülle; Niemand soll sich übereilt oder blos um einer
vorübergehenden Stimmung willen in die Sache werfen,
sondern mit klarem und festem Entschluß; hier gilt es,
sein Auge auf Gottes Führung und Vorsehung zu richten
und dann sich zu entscheiden. Besonders möchte ich auch
Jedermann den Rath ertheilen, von den nächsten Ver=
wandten sich wenigstens die Erlaubniß zu erbitten, auch
wo deren Wunsch die Auswanderung nicht entspricht;
denn das ist etwas Naturgemäßes und eine Pflicht, die
jeder Gutgesinnte auch anerkennen wird. Dabei wird
die natürliche Zuneigung nicht geschädigt, sondern erhal=
ten werden, und eine freundliche und vortheilhafte Cor=
respondenz wird folgen. Möge Gott uns in diesem

Allem leiten und sein Segen auf das kommen, was wir
in redlichem Sinne unternehmen! Dann wird Alles,
was wir beginnen, ausschlagen zu der Ehre seines Na=
mens und unserem und unserer Nachkommen wahrem
Wohl."

In diesem Sinne begann Wm. Penn das Werk in sei=
ner Provinz. Wollte Gott, daß alle ihre Bürger und
Alle, die an ihr ein Interesse haben, von solchen Gesin=
nungen beseelt und geleitet wären! Wir hegen keinen
Zweifel, daß dies allerdings bei Manchen der Fall war,
die hierher zogen, eben weil Wm. Penn Eigenthümer der
Provinz war und die Regierungsgewalt in Händen hatte.
Und es kann kein Zweifel auch darüber walten, daß
Leute solcher Gesinnung dem Lande in Vielem zum Se=
gen wurden. Sie mögen uns in Manchem absonderlich
und steif und eckig erscheinen. Aber sie gaben in einer
Zeit, in der die Administration des Rechts unter eigen=
thümlichen und großen Schwierigkeiten zu leiden hatte,
der sie umgebenden Gesellschaft eine gewisse moralische
und religiöse Haltung. Sie leisteten auch jener Klasse
von Abenteurern, die unter vielartigen Beweggründen
und Ueberspanntheiten gerne einem neu sich öffnenden
Lande zueilen, oft einen heilsamen Widerstand.

Indessen muß bedauert werden, daß selbst diese so
ruhigen und still hinlebenden Quäker, die sich's zum
Grundsatze machen, stets ihren Gleichmuth zu bewahren
und alle unpassende Aufregung zu vermeiden, in den
Zeiten Wm. Penn's unter sich Streitigkeiten hatten, die
einer aus ihrer Mitte, und zwar ein Mann von ziemlichen

Fähigkeiten, aber schwierigen Temperamentes, unter ihnen veranlaßte. Sein Name war Georg Keith. Der Bruch des Friedens zwischen ihm und den Quäkern, unter denen er als Schriftsteller und Prediger viel gegolten hatte, brach, wie uns der Geschichtschreiber Rob. Proud berichtet, im Jahre 1691 zu Philadelphia aus. Keith verstand sich vortrefflich auf's Debattiren, besonders über theologische Fragen. Aber er hatte ein rasches Temperament und ließ gerne Andern seine Ueberlegenheit fühlen. Er fing gerne Streit an, fand sehr leicht Fehler und konnte sich nicht ruhig verhalten. Er wollte unter den Quäkern gerne allerlei neue Regeln und Ordnungen eingeführt sehen, beschuldigte einige ihrer Prediger falscher Lehren und ließ deutlich merken, daß nur die, welche es mit ihm hielten, die rechten Quäker seien. Im Jahre 1792 kündigten die Quäker bei ihrer Jahresversammlung zu Burlington, N. J., ihm am 7. Juli die Gemeinschaft auf; es hieß da, ein Starker sei gefallen; er habe den demüthigen, milden und friedlichen Geist Christi verloren und sei kalt geworden gegen seine Brüder; er habe ungeistliche Rede gegen dieselben geführt, sei als ihr Ankläger aufgetreten, und das wegen der unbedeutendsten Veranlassung; er habe in seinem leidenschaftlichen Wesen sie fools, ignorants, infidels, silly souls, liars, heretics, etc., genannt. Die Erklärung gegen ihn und die Aufhebung der Gemeinschaft mit ihm traf auch seine Anhänger, deren er eine Anzahl hatte. Und diesem Beschluß traten die Quäker in London förmlich bei. Keith wurde ein bitterer Feind des Quäker-

thums und trat nach seiner Rückkehr nach England gegen
sie auf in Rede und Schrift. Er wurde sofort Glied der
Episkopal-Kirche und wirkte als solches eine Zeit lang in
England, kehrte dann hierher zurück für etwa 12 Mo-
nate, genoß aber wegen seiner Streitsucht und Heftigkeit
wenig Ansehen und kehrte über Virginien wieder um nach
England, wo er dann als Geistlicher der Bischöflichen in
Suffex in einer Gemeinde stand und fortfuhr, wider die
Quäker zu schreiben. Zuletzt soll er auf seinem Todten-
bette erklärt haben, es stünde besser mit ihm, wäre er ein
Quäker geblieben. Die ganze Angelegenheit beunruhigte
Wm. Penn gar sehr und um 1692 wäre er deßhalb selbst
gerne nach Pennsylvanien gegangen. Aber gerade damals war er, da ihm vorübergehend die Verwaltung seiner Provinz war entrissen worden, viel zu sehr mit seinen persönlichen Angelegenheiten beschäftigt. (Proud's
History of Pa., I, 563 ss.) Bischof Burnet berichtet
über Geo. Keith in der Geschichte seiner Zeit (Bohn's
edit., London, 1857), daß derselbe, geboren in Schottland, nicht weniger als 36 Jahre unter den Quäkern gewesen sei, daß er für den gelehrtesten Mann unter ihnen
gegolten habe, namentlich in den orientalischen Sprachen,
Philosophie und Mathematik sei wohl bewandert gewesen, und daß er nach America sei gesandt worden im
Interesse der Erziehung der quäkerischen Jugend. Hier
aber sei ihm nach und nach ein Licht darüber aufgegan-
gen, daß die Quäker eigentlich vom orthodoxen christlichen
Glauben abgefallen seien, daß sie von Gott rationalistisch
wie die Deisten reden und aus der christlichen Religion

eigentlich nur Allegorien machen, namentlich betreffend
das, was sich auf den Tod und die Auferstehung und die
Versöhnung mit Gott beziehe. Er habe nach seiner Rück=
kehr nach England anfangs namentlich die Quäker zu sich
eingeladen und auf sie zu wirken gesucht, nachher erst
habe er sich der bischöflichen Kirche angeschlossen und in
ihr gewirkt. Er publicirte im Jahre 1700 eine Schrift
"Reasons for renouncing the sect called Quakers."
Er starb im Jahre 1715 (Papers relat. to the Church
in Pa., Notes, p. 500 ss.). Wie stark das rationalisti=
sche Element unter den Quäkern namentlich durch Elias
Hicks in unserem Jahrhundert hervorgetreten ist und
einen großen Theil der „Freunde" dem Unitarianismus
wenigstens in der Lehre zuführte, ist eine wohlbekannte
Sache.

Zu der bunten Manigfaltigkeit religiöser Gemeinschaf=
ten und Parteien, die in der ersten Hälfte des vorigen
Jahrhunderts den östlichen Theil Pennsylvaniens zu be=
völkern begannen, lieferten die Deutschen einen sehr
beträchtlichen Beitrag. Ihnen gehören an die Menno=
niten, die Tunker, die Siebentäger, die In=
spirirten, Neugeborene, Schwenkfelder u. A.
Ja, es ist beinahe keine religiöse Absonderlichkeit, die in
jenem Zeitalter des Separatismus in Deutschland ein
Leben fristete und die nicht auch etliche Vertreter hierher
gesandt hätte. So begegnen wir in den Hall. Nachr.
auch sogar den Dippelianern und Gichtelianern
(s. S. 18, 174, 175, 1116). Und der übertriebene pro=
testantische Subjectivismus brachte es Ende des 17. und

Anfang des 18. Jahrhunderts in der Umgebung des Wissahickon-Baches bei Philadelphia sogar bis zum Eremitenleben (Hall. Nachr., S. 1265 f. — O. Seidensticker's interessanter Artikel über den einsiedlerischen Enthusiasten Joh. Kelpius. — Deutscher Pionier von Cincinnati, Jahrgang 1872), und in der Colonie der Siebentäger Tunker zu Ephrata zum förmlichen Kloster- und Zellenleben mit entschiedener Heruntersetzung des ehelichen als des weniger heiligen Zustandes (Acrelius, History of New Sweden, Visit to the Ephrata Cloister, A. 1753, p. 373 ss.).

Es kann hier nicht unsere Aufgabe sein, auf eine nähere Untersuchung des Ursprungs und der Eigenthümlichkeiten aller dieser Ausläufer des Sectengeistes unter den Deutschen einzugehen. Wir fühlen uns auch dem ganzen Geist und Wesen dieser aus der einseitigsten Kritik des kirchlichen Zustandes Deutschlands hervorgegangenen religiösgesellschaftlichen Bruchstücken gegenüber ganz fremd und bringen ihnen keine Sympathie entgegen. Aber daß sich bei ihnen, namentlich im Anfang, viel Ernst der Gesinnung, religiöse Wärme und geistliches Streben fand, läßt sich nicht leugnen. Mag das Auftreten solcher Leute, die in der Kirche Deutschlands an gar vielen Orten das Bedürfniß des Herzens nicht befriedigt fanden, sich vielmehr von ihr vernachlässigt, um ihrer Unzufriedenheit willen nachher ausgestoßen ansahen, oft auch mit geistlichem Stolz schroff und abstoßend auftraten, während ihr Glaubensbekenntniß voll unbegründeter Thesen und willführlicher Annahmen war und ihr Geist je länger je mehr sich in Trotz und Verachtung Alles dessen, was „kirchlich" hieß, verknöcherte, so muß man darum im Urtheil über sie nicht ungerecht werden. Gerade diese Sectenleute, wie sie oft genannt werden, haben durch ihren religiösen und sittlichen Ernst sehr viel dazu beige= tragen, um den Deutschen in der Provinz Pennsylvanien einen im Verkehrsleben geachteten Namen zu verschaffen. Sie mögen weit ab vom Strom des vielbewegten Welt= und Zeitgeistes mehr nur ihr Stillleben geführt haben und in Vielem zäh am Herkömmlichen, unentwegt durch den Wechsel der Dinge um sie her, festgehalten haben. Aber sie haben ihrestheils mitgeholfen dazu, daß Deut= sche Ehrlichkeit in Pennsylvanien sprüchwörtlich wurde.

Alle diese kleineren und größeren Parteien hatten aber, so sehr sie auch in Anderem von ihnen sich schieden, mit den Quäkern gemeinsam die ganz entschiedene Aversion ge= gen Alles, was irgend von der Kirche kam oder mit ihr zusammenhing. Auch war der Gesichtskreis dieser Leute im Ganzen ein beschränkter. Ihre geistigen Potenzen blieben zumeist unentwickelt. Wissenschaft und Kunst und allgemeiner Fortschritt holten bei ihnen keine Aus= beute. Unter den Künsten wurde noch am meisten um ihrer engen Verbindung mit der Religion willen und in deren Dienst die Musik gepflegt. Dies war namentlich der Fall im Kloster zu Ephrata, wo, da um die Mitte des vorigen Jahrhunderts einzelne wissenschaftlich gebildete Leute sich in jener Klosterbruderschaft einstellten, über= haupt mehr Bildungselemente sich zusammenfanden und

geiſtliche Poeſie und eine ganz eigenthümliche myſtiſch=
aszetiſche Literatur für kurze Zeit erblühte (ſ. Prof. Dr.
O. Seidenſticker's werthvolle Artikel über Deutſch=
Americaniſche Literatur des vorigen Jahr=
hunderts im Deutſchen Pionier von Cincinnati, Cd.
IX und X). Noch mag hier daran erinnert werden, daß
ſchon vor dem Ende des 17. Jahrhunderts von der Zeit
an, da Wm. Penn 1682 zum erſten Male ſeine Provinz
Pennſylvanien beſuchte, ſich auch eine Anzahl Deut=
ſcher in Germantown und Umgegend ganz zu
den Grundſätzen und Sitten der Quäker hielt. Wm.
Penn hatte drei Reiſen nach Deutſchland gemacht und
für ſeine Sache dort zu wirken geſucht.

Erinnert muß hier auch werden an die bedeutende reli=
giöſe Erregung, welche Whitefield, einer der Stifter
des Methodismus, in den nordamericaniſchen Colo=
nieen hervorrief. Er bereiſte dieſelben von Georgien bis
nach Maſſachuſetts zwiſchen den Jahren 1737 und 1770
ſechs Mal und jedes Mal unter außerordentlicher Auf=
regung, da ihm die Zuhörer überall zu Tauſenden zu=
ſtrömten. Daß er namentlich auch in der Episkopal=
Kirche, der er bis an ſeinen Tod angehörte, als Fanatiker
verſchrieen wurde, hat zum Theil ſeinen Grund in den in
der Kirche ſelbſt herrſchenden Zuſtänden, kann ihm ſelber
auch nicht zum Vorwurf gemacht werden und trifft viel=
leicht mit mehr Recht ſolche, die zu ſeinem Anhang ge=
hörten oder ihm nachzumachen ſuchten. Allerdings kamen
bald nach ſeinem Auftreten Dinge vor, die unverkennbare
Zeichen krankhafter Erregung waren. Dergleichen mel=

bet z. B. Chrift. Sauer in feinen Pennfylv. Nach=
richten unter dem 16. Mai 1743. Allein folche Vor=
fälle waren auch damals durchaus nicht neu. Whitefield
für Alles, was der Methodismus nachher ausgeboren
hat, verantwortlich zu machen, wäre noch ungerechter.
Seine Erweckungspredigt hatte ihre befondere Berechti=
gung in den damaligen Verhältniffen und Zuständen,
wie der Pietismus in Deutfchland fich ebenfalls ge=
fchichtlich erklärt, womit weder diefer noch der Metho=
bismus mit Allem, was beiden anklebt, in Schutz ge=
nommen wird.

Was nun die Kirchen betrifft, namentlich die lutheri=
fche, deutfch=reformirte, presbyterianifche, bifchöfliche, fo
waren diefelben in den Nordamericanifchen Provinzen und
Colonieen wefentlich gegründet durch Miffionäre, die
von den verfchiedenen Ländern Europa's hierher gefandt
wurden. Die römifche Kirche war bis um die Mitte
des vorigen Jahrhunderts in der Provinz Pennfylvanien
fchwach vertreten. Die Lutheraner aus Schweden,
die fich nach der Zeit Guftav Adolph's am Delaware
anfiedelten noch vor den Engländern und hier, freilich
vorübergehend, Neu=Schweden gründeten, hatten im
vorigen Jahrhundert manche blühende Gemeinde in die=
fem Gebiete, und namentlich in Pennfylvanien, und die
Regierung ihres Mutterlandes hielt auch in geiftlichen
Dingen ihre fchützende und vorforgende Hand über ihnen.
Regelmäßig geprüfte und anftändig befoldete Paftoren
wurden ihnen von Schweden aus zugefandt; ein Probft
ftand diefen vor und erhielt ftetige Verbindung mit der

Kirchenregierung Schwedens. Einem von diesen Super=
intendenten der schwedischen Geistlichkeit der Colonien
um den Delaware in New Jersey, Delaware und Penn=
sylvanien, Israel Acrelius, einem tüchtig gebilde=
ten Theologen und sehr verständigen und würdigen Mann,
verdanken wir das von uns bereits citirte, aus dem
Schwedischen auch in's Englische übersetzte Geschichts=
werk, das ein sehr wichtiger Beitrag zur Kenntniß der
kirchlichen und religiösen Zustände dieser Gebiete während
der ersten Hälfte des vorigen Jahrhunderts überhaupt ist
und vom umfassenden Gesichtskreis des Verfassers zeugt.
Außer ihm soll auch genannt werden Probst Magnus
Wrangel, der bedeutenden praktischen Einfluß im kirch=
lichen Leben äußerte und ein besonders vertrauter Freund
Dr. H. M. Mühlenberg's war. Der letzte schwedi=
sche Pastor, der in dieses Land von Schweden aus ge=
sandt wurde, war Dr. Collins, Pastor der Gloria Dei
Kirche im südöstlichen Theile Philadelphia's. Er pre=
digte noch in den ersten Jahren dieses gegenwärtigen
Jahrhunderts alle Monate wenigstens einmal in schwe=
discher Sprache. Die Schweden waren viel weniger als
die Deutschen darauf bedacht, Parochialschulen aufrecht
zu halten, und um so schneller ging, da auch die Einwan=
derung aus Schweden aufhörte, das Schwedische in's
Englische, leider auch das Lutherische in das Episkopale
über. Viele der schwedischen hierher gesandten Missio=
näre kehrten nach einigen Jahren wieder zurück nach
Schweden und wurden dort mit Pfarrstellen versehen.
Auch die Episkopal=Kirche in Pennsylvanien ist

durch den Dienst der Missionäre gegründet worden,
welche am Ende des 17. und bis über die erste Hälfte
des vorigen Jahrhunderts hinaus durch den Eifer der
"Society for the propagation of the Gospel in foreign
parts" aus England hierher gesandt wurden. Eine ge=
wisse amtliche Verbindung mit der Regierung der Kirche
Englands wurde durch einen Commissarius erhalten, der
in den verschiedenen Colonialprovinzen bis auf einen ge=
wissen Grad die Rechte des Diözesan=Bischofs vertrat,
aber natürlich, da er nicht Bischof war, auch nicht orbi=
niren konnte. Junge Männer, die hier in den Dienst
der bischöflichen Kirche treten wollten, hatten darum, um
ordinirt und amtsfähig zu werden, nach England zu ge=
hen. Und dies blieb so bis nach dem Ende des Unab=
hängigkeitskrieges und dem Friedensschluß zwischen Eng=
land und den Ver. Staaten. — Die Presbyterianer
wurden unterstützt hauptsächlich durch ihre Glaubensge=
nossen in Schottland. — Die Deutsch=Reformirte
Kirche, in deren Dienst schon in der ersten Hälfte des
vorigen Jahrhunderts würdige und energische Männer in
Pennsylvanien wirkten, fand einen tüchtigen und warm=
herzigen Vertreter ihrer Interessen und Bedürfnisse in
dem edeln Michael Schlatter, der, nachdem er einige
Jahre hier gewesen war und sich mit den Verhältnissen
vertraut gemacht hatte, zurück reiste und in Holland und
anderen Gegenden eine lebendige Theilnahme an der
geistlichen Noth der zerstreuten Glieder der Deutsch=Re=
formirten Kirche zu wecken und ihnen von dort her nicht
nur materielle Hilfe zu verschaffen wußte, sondern auch

Theologen veranlaßte, sich von der Heimath loszureißen
und dem kirchlichen Dienst unter ihren Glaubensbrüdern
in der Neuen Welt zu widmen. — Was die Deutsche
lutherische Kirche betrifft, so war ja auch bei ihr
nicht daran zu denken, daß die Kirchenregierungen des
Vaterlandes irgend der ausgewanderten Lutheraner und
ihrer geistlichen Nöthen sich annehmen würden. Kamen
auch von ein Paar derselben Beiträge, hat auch eine un=
ter ihnen, die Württembergische, sich der Sendung eines
Pastors auf die Bitten der Gemeinde zu Lancaster ange=
nommen, wurden auch andere mit freiwilligen Beiträgen
unterstützte Sendboten durch die Geneigtheit der Grafen
von Stolberg zu Wernigerode ordinirt, um dem Rufe
nach Pennsylvanien folgen zu können, so war im Ganzen
das Werk der Gründung der Deutschen lutherischen
Kirche, besonders in Pennsylvaaien, Erfolg der Privat=
thätigkeit, die an der Mission im Ausland freudig An=
theil nahm und deren Mittelpunkt sich im Hermann
August Francke'schen Waisenhaus zu Halle
fand. Den Bemühungen der Directoren dieser im Reich
Gottes wichtig gewordenen Anstalt, Sendboten für die
verlassenen und zerstreuten Deutschen Lutheraner in
Pennsylvanien und seinen Grenznachbarn zu gewinnen,
stand vor und nach der Mitte des vorigen Jahrhunderts
der warme Missionsfreund, Friedr. Mich. Ziegen=
hagen, Deutscher lutherischer Hofprediger an der Königl.
St. James Kapelle zu London, an der Seite. Die von
den drei vereinigten Gemeinden, Neu=Hannover,
Neu=Providenz (Trappe) und Philadelphia,

nach Deutschland im Jahre 1733 gesandten Boten mit
Bitten um Prediger und Seelsorger fanden Anklang, ob=
wohl die Gewährung der Bitte sich verzögerte. Aber
nachdem am 25. November 1742 der erste Sendbote, H.
M. Mühlenberg, zu Philadelphia angelangt war,
folgte im Lauf von 38 Jahren eine Reihe von Männern,
die den Grund der Deutschen lutherischen Kirche im Osten
unseres Staates legten, Gemeinden bildeten und organi=
sirten, die Zerstreuten besuchten und sammelten, Kirchen
und Schulen gründeten und der Kirche ihre synodale Ver=
fassung gaben.

Kaum ist es nöthig zu bemerken, daß auch die Herrn=
huter (Moravians) in den Colonien des nördlichen
Amerikas und namentlich auch in Pennsylvanien ein wei=
tes Feld für ihren Missions= und Unternehmungsgeist
fanden. Sie kamen, auch ohne Einladung. Denn sie
hatten in Pennsylvanien noch keine von ihnen in geistli=
cher Hinsicht verlassene, zerstreute Glieder. Aber schon in
den dreißiger Jahren des vorigen Jahrhunderts kam
Spangenberg, der spätere Bischof und Regenerator
der Brüdergemeinde, nach Pennsylvanien und hielt sich
hier längere Zeit auf, aber ohne Gemeinde zu stiften,
vielmehr nur unter Leuten verschiedenartigen Parteina=
mens auf Geistesgemeinschaft hinzuwirken. Andere
Sendlinge folgten ihm. Der Gedanke der Missionsar=
beit unter den Indianern tauchte auf. Im Herbste des
Jahres 1741 kam aber Graf Nikolaus von Zinzen=
dorf selbst hier an, wirkte in seiner Weise vorübergehend
unter den Gemeinden verschiedener Confessionen und er=

zielte, daß fortan auch in Pennsylvanien wie in anderen
Provinzen Herrnhuter Gemeinden entstanden. Mit gro=
ßer Hingebung, die eines umfassenden Erfolges werth
gewesen wäre, wurde die Mission unter den Indianern
betrieben und der Eifer und die Opferwilligkeit ei=es
Rauch und Zaisberger bleiben unvergeßlich. Zinzen=
dorf hat selbst im Jahre 1742 Missionszüge zu den In=
dianern unternommen, aber im Anfang des Jahres 1743
Amerika wieder verlassen (Loskiel, Geschichte der Mission
der evangelischen Brüder unter den Indianern in Nord=
amerika, Barby, 1789). In der Arbeit der Bekehrung
der Indianer zum Christenthum waren schon ein Jahr=
hundert zuvor Anfänge gemacht durch Johann Cam=
panius, aus Schweden, Kaplan der von dem schwedi=
schen Gouverneur Printz, mit welchem Campanius 1642
an den Delaware gekommen war, regierten Colonie
schwedischer Lutheraner. Er übersetzte Luther's Kleinen
Katechismus in die Indianersprache (Early History of
the Lutheran Church in America, by C. W. Schaeffer,
D.D., Professor in the Theological Seminary of the
Lutheran Church, in Philadelphia). Bekannt ist auch
der Eifer, mit welchem sich der Presbyterianer Brainard
in der ersten Hälfte des vorigen Jahrhunderts der Mission
unter den Indianern in New Jersey angenommen hat.
Daß die pastorale Arbeit in jenen Zeiten eine unge=
wöhnlich starke Constitution, eine außerordentliche Aus=
dauer, oft einen Heldenmuth erforderte, liegt in der Na=
tur der damaligen Verhältnisse und Zustände und geht
aus manchem, von uns schon früher Angeführten deutlich

genug hervor. Und es ist die reine Wahrheit, wenn wir
sagen, daß die Aufgabe gerade unter den Deutschen
ihre besondere Schwierigkeit hatte. Hier galt es, sie oft
aus vieljähriger Verwilderung erst in eine gewisse kirch=
liche Ordnung zu bringen, sie auf Einen Sinn zu Einem
Zweck zu leiten, sie zu organisiren und sie als Gemeinden
auf einer festen constitutionellen Basis zu erhalten. Sie
waren von ihrer Heimath her nicht gewohnt, die Dinge
des Staates und der Kirche mitzuverwalten. Hier wur=
den sie unter völlig neuen Verhältnissen zusammengebracht,
kamen aus den verschiedensten Gegenden des Vaterlandes,
brachten ihre lokalen Anschauungen und Traditionen und
ihre kirchlichen Gewohnheiten mit. Viele von ihnen wa=
ren zu absonderlichen religiösen Ansichten geneigt und
hatten oft gegen Kirche und Geistlichkeit allerlei Vorur=
theile aufgenommen. Andere waren in schlimme Hände
gerathen, hatten die Hochachtung vor der Kirche und ihren
Dienern verloren und rauhe und böse Sitten angenommen.
Nach der Ankunft in der Neuen Welt waren sie oft Jahre
lang ohne alle geistliche Pflege, das junge Geschlecht
wuchs auf ohne Unterricht. Das Schlimmste aber war,
daß grundverdorbene Subjecte, die sich für Pastoren aus=
gaben, sich da und dort an die Leute vermietheten oder
auch sich förmlichen Ruf geben ließen, äußerlich und
handwerksmäßig das Amt führten, dasselbe aber durch
ihren Wandel schändeten, durch ihr anstößiges Leben und
Beispiel das Volk demoralisirten und in ihm auch den
letzten Rest von Achtung vor Kirche und Religion zerstör=
ten. Es ist beinahe unglaublich, aber völlig wahr, daß

elende Subjecte, die kaum durch falsch angewendete Gnade anderswo dem Galgen entronnen waren, in Pennsylvanien dem lutherischen und reformirten Volke um die Mitte des vorigen Jahrhunderts als Seelsorger dienten. Und diese Wölfe unter der Heerde machten den Pastoren besserer Art, würdigen Dienern des heiligen Amtes, Widerwärtigkeiten genug und suchten mit teuflischer Freude einzureißen, was jene unter viel Sorge und Gebet aufbauten. Zum Beweis, daß wir die Sache keineswegs schlimmer darstellen als sie war, führen wir ein Paar unantastbare historische Zeugnisse an. In Pennsylvania Archives, p. 183, etc., findet sich ein Brief, der im Jahre 1754 von den Gliedern der lutherischen Synode an Gouverneur Morris gerichtet wurde und worin sie ihm zu seiner Ernennung zu seinem hohen Amte Glück wünschen. Indem sie sich dabei seinem Wohlwollen anbefehlen, bitten sie auch um seine freundliche Theilnahme an der ihnen als Seelsorgern gestellten Aufgabe, klagen über die Hindernisse ihrer Wirksamkeit und sagen: „Und da wir und unsere Gemeinden, seiner königlichen Majestät treuergebene Unterthanen, gar viel beunruhigt werden und der bürgerliche und Gemeinde-Frieden kläglich gestört wird durch ins Land gebrachte Vagabunden, die sich für Pastoren ausgeben, aber unordentliche, lasterhafte Personen sind, die nur die Sittlichkeit des Volkes ruiniren, Unruhe stiften und die Leute an sich zu locken wissen, wodurch zuletzt den rechten und ernsten Pastoren die Existenz unmöglich gemacht und nur Rohheit, Ignoranz und Sittenlosigkeit gefördert und dem öffentlichen Wesen nur

Schaden zugefügt wird, darum möchten wir demüthig ge-
beten haben, so weit als möglich diesem Uebelstand zu
begegnen und Mittel anzuwenden ihm künftig vorzubeu-
gen." Leider hatte den Verhältnissen nach die Obrigkeit
wenig Macht, solche Uebel gründlich abzubestellen. Gerade in derselben Weise klagt H. M. Mühlenberg in einem
Schreiben an Benj. Franklin über den unberechenbaren
Schaden, den solche Vagabunden im Kirchenrock anstiften
und er nennt einige derselben mit Namen. Auch in den
Hall. Nachrichten wird Klage genug darüber geführt (S.
13, 47, 142, 333, 365, 376, 441, 617, 635 und an
vielen andern Stellen). Zum Beweis, wie skandalös die
Sache war, führen wir eine Stelle an, die sich auf den
Tod eines dieser Jammermenschen bezieht, lange nicht die
stärkste ist, die wir citiren könnten, die aber dennoch genug
besagt. Sie findet sich in Chr. Sauer's Pennsylv. Nachr.
unter dem 16. Januar 1754: „Am ersten Tage dieses Jahres starb allhier [d. h. zu Germantown] Herr Conrad
Andreä, Prediger des einen Theils der lutherischen
Gemeinde [der andere bessere Theil hielt sich zu dem
frommen Pastor Handschuh], seines Alters 50 Jahre.
Die Aeltesten der Gemeinde hatten ihn mit Vorsicht auf
ein Jahr gemiethet, doch mit dem Beding, daß er ihnen
ein Vierteljahr aufkündigen solle, wenn es einer Partei
beliebt zu scheiden. Er hatte aber kaum fünf Monate
geprebigt, so waren sie seiner schon müde wegen seinem
unordentlichem Wandel, großem Durst nach starkem Getränke. Daher kündigten sie ihm ihren Dienst auf, daß
er nach Verfließung eines Vierteljahres ihr Prediger nicht

mehr sein solle. Sie haben Vieles an ihm gethan, sind
Bürge für seine Schulden gegangen, haben ihn ermahnt
und bestraft, sogar die hintere Thüre an der Sacristei
zugenagelt, daß er sich nicht zu lange bei der Bouteille
verweilen und hernach seines Respects auf der Kanzel
vergessen möchte. Da aber Alles nichts helfen wollte,
ward beschlossen, daß sie ihn die Weihnachten gar abschaf=
fen wollten, welches auch wirklich geschah, aber auch eine
gutmeinende Fürbitte und Bedeuten, daß er augenschein=
lich krank und ihn der liebe Gott bald selber abschaffen
werde; inzwischen solle man ihm ein Almosen reichen, ihn
ins Gebet einschließen und nicht zu hart mit ihm verfah=
ren. Wornach er denn noch etliche Tage gelebt." Dort
ist ihm auch noch ein poetischer Nachruf gewidmet, der
seiner in keiner Weise schont, vielmehr ihm vorwirft, daß
er leider Bacchus und Venus statt Sophia (Weisheit)
seine Freude sein ließ. Aber noch bei weitem unwürdi=
gere Subjecte, wie Karl Rudolph, Prinz von Würt=
temberg (wie er sich nannte), Kaspar Schnorr, En=
geland und Johann Wörning, dessen über alle Be=
griffe schlechten Character sein eigener Schwiegervater der
öffentlichen Verachtung preisgab, könnten aus der Liste
dieser Vagabunden im heiligen Amte genannt werden.

Daß das christliche Volk sich solche Gesellen gefallen
ließ, kann durch die Noth der Verhältnisse kaum gerecht=
fertigt werden, wirft aber ein trauriges Licht auf den nie=
drigen religiösen und sittlichen Standpunkt, auf dem we=
nigstens ein Theil desselben stand. An der wahren Bil=
dung fehlte es eben gar sehr. Das mögen wir auch ab=

nehmen aus Schilderungen von Gemeindezuständen der
Deutschen, wie wir eine solche aus einer der Städte Penn=
sylvaniens der Feder des Episkopalpredigers Alex.
Murray verdanken. Mag auch seine kirchliche Stellung
sein Urtheil in Etwas beeinflussen, so trägt doch, was er
sagt, zu sehr den Stempel geschichtlicher Wahrheit als
daß dabei an Fiction zu denken wäre. Er schreibt unter
dem 26. März 1772: „Betreffend die Glieder meiner
Gemeinde habe ich nichts Neues mitzutheilen. Sie halten
sich friedlich und ruhig mitten unter dem Lärm, Geschrei,
Streit und Geschimpf der deutschen Colonisten, welche
die Stärke der Bevölkerung in diesem Grenzcounty (Fron-
tier county) bilden und von Zeit zu Zeit in Streit leben
mit einander oder mit ihren Pastoren und zwar zum gro=
ßen Aergerniß und Schaden der Religion und ihrer ver=
schiedenen Bekenntnisse. . . . Gerade jetzt verfolgen und
verwünschen die Lutheraner einander aus Anlaß der
Wahl eines Pastors und dieß ist ein Genuß für sie, den
sie häufig haben, denn sie scheinen neue Pastoren lieber
zu haben als neue Kleider, denn in dieser Hinsicht sind
sie sparsam genug und tragen abgetragenes Zeug und
wollen sie wieder den Pastor wechseln, so zwingen sie ihn
auch dergleichen zu tragen und hungern ihn aus und trei=
ben ihn so weg. Was sie für den Unterhalt des Pastors
zeichnen, ist, wenn's noch so gut ist, blutwenig und sie
bezahlen oder bezahlen auch nicht, wie es ihnen gefällt.
Denn nach ihrer Ausbrucksweise miethen sie einen
Pastor gewöhnlich auf ein Jahr, wobei das Amt verächt=
lich und armselig bleibt. Bei ihren Wahlen geht es her

wie auf dem polnischen Reichstag. Sie kommen zusam=
men wieder und wieder und laufen auseinander in heller
Verwirrung, bis sie endlich der Sache müde sind und sich
für eine Zeit irgend einen Pfarrer gefallen lassen."
Mögen wir auch überzeugt sein, daß Herr Murray hier
wirklich nichts gab als die Eindrücke die er empfangen
hatte, und die Umstände, wie sie zu seiner Kenntniß ge=
langt waren, so sind wir froh, Beweis und Zeugniß ge=
nug in Händen zu haben, daß es unter den Deutschen und
in ihrem Gemeindeleben keineswegs überall so aussah,
wie er in seiner Umgebung die Dinge fand und schilderte.
Wir freuen uns zu wissen, daß, wie wir schon früher
erinnerten, deutsche lutherische Gemeinden schon im Jahre
1733 nicht nur inständige Bitten, sondern Abgeordnete
nach Deutschland sandten, um vor die christlich gesinnten
Leute dort ihren ganzen geistlichen Nothstand zu legen.
Wir wissen auch, daß Männer wie H. M. Mühlenberg,
Brunnholtz, Handschuh und Andere, als sie die Heimath
um des geistlichen Wohls ihrer Landsleute jenseits des
Oceans willen verlassen hatten, hier in der Neuen Welt
mit Freuden aufgenommen wurden und daß ihre Arbeit
nicht vergeblich gewesen ist. Ohne ein Entgegenkommen
von Seiten der Gemeinden, ohne das Verständniß und
das Mitwirken der Laien, ohne die Anerkennung, die
ihnen von diesen zu Theil wurde, hätten sie nimmermehr
zu leisten vermocht, was allein in dem Zeitraum des Wir=
kens des Patriarchen Mühlenberg in diesem Lande,
das heißt zwischen den Jahren 1742 und 1787, erzielt
wurde. An Schwierigkeiten hat es natürlich nicht ge=

fehlt. Weltmenschen setzen der ernsten Predigt von
Christo immer tausendfaches Hinderniß und Widerspruch
in den Weg. Aber vergeblich haben jene Männer nicht
gearbeitet. Wir jedoch sind in die Ernte gekommen.
Eine der schlimmsten Seiten an den Zuständen jener
entschwundenen Zeit war der beklagenswerthe Mangel
an niederen und an höhern Schulanstalten.
Allerdings muß hier gesagt werden, daß namentlich auch
die Deutschen kirchlichen Gemeinden der alten guten Sitte
des Vaterlandes treu hierin blieben und fast ausnahms=
los mit ihren Kirchen auch zugleich Schulhäuser errichteten,
in welchen neben den andern damals gebräuchlichen
Zweigen der Volksschule namentlich auch Religionsunter=
richt ertheilt wurde. Aber nicht nur war die Zahl der
Gemeinden, die ihre eigene Schule zu erhalten vermochten,
im Verhältniß zum Ganzen nicht sehr groß, sondern eine
große Schwierigkeit lag besonders auch darin, daß das
Landvolk außerordentlich zerstreut lebte über große Land=
striche hin, daß der größte Theil der Jugend sehr weite
Wege zur Schule zu gehen hatte, daß es auch an guten
Wegen gar sehr fehlte und daß einen bedeutenden Theil
des Jahres hindurch für sehr viele Kinder die Schule so
gut wie gar nicht existirte. In manchem Hause fehlten
auch die Mittel, den Lehrer zu bezahlen und noch rarer
waren tüchtige und auch gehörig gebildete Lehrer. Welch'
ein Werth auf gute Lehrer gelegt wurde, erhellt aus vie=
len Stellen der Hall. Nachrichten. Dort sind uns auch
die Namen mehrerer wackerer Schulmänner aus H. M.
Mühlenberg's Zeit ehrenvoll genannt und der Vergessen=
heit entrissen.

Gewiß ist, daß in jener Zeit die Jugend an vielen
Orten im Lande ohne allen Schulunterricht aufwuchs.
Und im Kreise der Familie wurde dieser Mangel gar
nicht oder doch sehr ungenügend ersetzt. Der Ansiedler,
der im Wald die Axt anlegte, trat in einen harten und
langen Kampf mit den Naturkräften, um seine Existenz
und die seiner Familie zu fristen. Darin verzehrten sich
seine Kräfte und die Kinder sollten, so bald als irgend
möglich war, dem Vater und der Mutter an die Hand
gehen. Wo blieb da viele Zeit für Schulübungen? Auch
wurde eine Bildung, die so ganz theoretisch zu sein schien,
als für die Bedürfnisse des alltäglichen Lebens ganz nutz=
los und entbehrlich angesehen. Und war auch bessere
Einsicht da, so war der Noth unter den obwaltenden Ver=
hältnissen schwer abzuhelfen.

Daß unter diesen Umständen Unwissenheit einriß und
mit ihr Sittenroheit und sittliche Verkommenheit gar oft
Hand in Hand ging, kann gar nicht anders erwartet
werden. Und die traurigen Symptome davon machten sich
fühlbar genug. Kein Wunder, daß denkende und wohl=
meinende Personen von schweren Befürchtungen über die
zu erwartenden Folgen dieses Zustandes ergriffen wur=
den. Sie dachten, es stehe ein Zurücksinken in einen
Zustand der Barbarei bevor. Namentlich gaben sich
Manche der Erwartung hin, daß das deutsche Element
der Bevölkerung Pennsylvaniens, das um die Mitte des
vorigen Jahrhunderts so außerordentlich sich vermehrte,
und doch um der Sprache und Sitte willen in einer ge=
wissen Isolirtheit verharrte, nach und nach den Interessen

der Provinz entfremdet werden könnte und in eine feind=
selige und gefährliche Stellung gerathen würde. Damit
hatte es nun nach unserem Dafürhalten gar keine Noth.
Allerdings mag die Stellung der Deutschen in der Poli=
tik der Provinz selbst nicht immer klar gewesen sein, und
sie wurden von Parteiführern für deren Zwecke je und
je mißbraucht. Aber daß die Deutschen je sich den Fein=
den der Provinz und der Englischen Regierung in die
Hände geworfen hätten oder daß sie Verrath geübt hätten,
daran ist gar nicht zu denken. Es ist ihnen schwer ge=
worden, gegen die Englische Regierung endlich feindselige
Stellung zu nehmen. Denn der Gedanke der Untreue
war ihnen abschreckend. Aber so bald sie das gute Recht
der Colonien gegen die Mißregierung der Englischen
Krone erkannten, da waren sie auch mit Leib und Seele
für die Americanische Sache. Man lese nur, was ein=
zelne Deutsche in wahrhaft patriotischem Geiste damals
geleistet und geopfert haben. An einen derselben sei hier
erinnert, nämlich Christoph Ludwig, George Wash=
ington's General=Armeebäcker. An Opferbereitwillig=
keit für die gute Sache der dreizehn Provinzen hat Keiner
es ihm zuvorgethan. (S. Prof. Dr. O. Seidensticker's
Geschichte der Deutschen Gesellschaft von Pa., 1876.
Verlag von Jg. Kohler, Philada., 285 S, ff.)

Jene Befürchtungen, daß wegen Mangels an Schulen,
Rohheit, Unwissenheit und Unsittlichkeit unter den
Deutschen einreißen müsse, bewog um die Mitte des
vorigen Jahrhunderts wohlmeinende Männer, das
Ihrige zu thun um diesem Uebel entgegenzuarbeiten und

Freischulen (Charity Schools) in der Provinz zu errichten. Hierzu verbanden sie sich in einem Verein, ap-
pellirten an gutgesinnte Leute in England, Schottland
und Holland, und die Beiträge flossen reichlich. Es
wurden auch sofort an verschiedenen Punkten des östlichen
Pennsylvaniens Freischulen errichtet und Lehrer ange-
stellt. Und sie wurden im Gange erhalten zwischen den
Jahren 1750 und 1763, möglicherweise an einigen Orten
etwas länger. Aber aus Monat Juli 1763 meldet G.
M. Mühlenberg, daß ihm der Commissarius der Englischen Kirche und Präsident der Akadamie, Dr. Will.
Smith, einen Brief gewiesen aus England, der klar sage,
daß seine Majestät nicht um fernere Beisteuer für die
Freischulen dürfe angesprochen werden, dieselben folglich
sogleich abzubrechen seien. (Hall. Nachr., S. 1108.)
In diesen Schulen hatte man sich der deutschen und englischen Sprache bedient, um Kenntnisse mitzutheilen.
Man wollte die deutschen Kinder damit dem Englischen
näher bringen und damit auch sie mit der englischen Bevölkerung vertrauter machen und mit ihr verschmelzen.
Man vermied auch Alles, was im Religionsunterricht,
der nicht ausgeschlossen war, den Anschein haben konnte,
als wolle man irgend ein besonderes Glaubensbekenntniß
beseitigen. Man kann an der guten Absicht des Unter-
nehmens nicht zweifeln. Aber eigentlich populär sind
diese Schulen doch nie in Pennsylvanien geworden, und
es fehlte auch nicht an Leuten, welche in ihnen mancherlei
Gefahr sahen und die Deutschen vor ihnen warnten.
Natürlich von einem System von Staatsschulen,

wie wir sie jetzt haben, konnte damals entfernt nicht die
Rede sein. Schulen waren damals eben Privatunter=
nehmungen. Die Regierung der Provinz konnte solchen
Unternehmungen gewisse Vortheile angedeihen lassen.
Aber sie konnte sie nicht in die Hand nehmen. Und die
höhere Facultät in den Lehranstalten nimmt sie in den
ganzen Vereinigten Staaten noch heute nicht in die Hand
und thut wohl daran. Die Bürger haben sich im Inte=
resse des Bildungsfortschritts und der wissenschaftlichen
Bedürfnisse ihres eigenen liberalen Sinnes und ihrer
Freiheit zu bedienen. In jenen alten Tagen wurden
Schulen errichtet von freien Vereinen, zu denen wir auch
die kirchlichen Gemeinden rechnen, oder von Einzelnen.
So errichteten die Quäker Schulen schon vor dem Ende
des 17. Jahrhunderts. Schon 1696 berichtet Gabrial
Thomas aus Philadelphia: "In the said city are
several good schools of learning for youth, in order
to the attainment of arts and sciences, as also reading, writing, etc. Here is to be had, on any day in
the week, tarts, pies, cakes, etc." Warum er Letzteres
so hart neben die Schulen stellt, ist uns nicht ganz klar
geworden.

Daß die äußere Erscheinung und die ganze Einrichtung
von Kirchen und Schulen die Armuth der Zeiten weithin=
ein in's vorige Jahrhundert verrieth, ist leicht begreiflich.
War das Wohnhaus aus behauenen Baumstämmen zu=
sammengesetzt, so wurde Kirche und Schule in ähnlicher
Weise erbaut. Auch die Sitze bestanden oft in nichts
Anderem als in behauenen Balken. Wurden die Balken

nur zu Pfosten und Trägern benutzt und mit Brettern
überkleidet und die Sitze von Brettern hergestellt, so war
das ein bedeutender Fortschritt. Backsteinbauten konnten
gelten als die Zeichen einer neuen Aera. So steht noch
die alte Augustuskirche in Trappe, wo H. M. Müh=
lenberg so viele Jahre gepredigt hat, und die 1743 unter
ihm begonnen wurde, als ein ehrwürdiges Denkmal jener
Zeit, und auch als ein heute noch sprechendes Zeugniß
von der Willigkeit der Gemeinde, für den Segen des
Evangeliums Opfer zu bringen. Auch diesem Backstein=
bau war Holzwerk vorangegangen. Aber die neue bessere
Zeit auch für die lutherische Kirche war angebrochen.

––––––––

Und nun, so wenig das Alles, was hier mitgetheilt ist,
irgend auf Vollständigkeit Anspruch machen darf, so mag
es doch immerhin dazu dienen, uns den großen Unterschied
zwischen Einst und Jetzt in unserem reichgesegneten Penn=
sylvanien klar erkennen zu lassen. War das die „gute
alte Zeit?" Wünschen wir uns in sie zurück? Oder
sind wir's, trotz aller Gebrechen unserer Zeit, zufrieden,
in unserem Jahrhundert zu leben mit seinen herrlichen
Verkehrswegen und Mitteln, seinen Kunststraßen, Brücken,
Eisenbahnen, Dampfern, Telegraphen, Phonographen,
Staatsschulen, Colleges, Universitäten, Prachtbauten von
Schulen, Kirchen, Rathhäusern, Kunstschulen, Bibliothe=
ken; mit seinen Kohlenminen und Oelquellen, seinen
Eisenwerken und seinen zahllosen Manufactorien, mit
all' seinem Reichthum und seiner tausendfachen Bequem=

lichkeit, mit seiner Sicherheit für Leben und Eigenthum und mit seiner Freiheit? Ich denke, die Wahl wird uns nicht schwer. Aber was wir nun auch als Kinder unserer Zeit genießen und was wir leisten mögen, vergessen wollen wir nie, daß jenes längst dahin gegangene Geschlecht der „guten alten Zeit" die Grundmauern und Eckpfeiler zu dem mächtigen politischen und socialen Bau gelegt hat mit treuem Fleiß, mit fester Ausdauer, unter dessen schirmendem Dache wir wohnen. Und über diesem Bau, über unserem Staate Pennsylvanien und über seine Bru=derstaaten, zum mächtigen Bunde mit ihm vereint, stehe Gottes Auge offen und seine Hand streue Segen!